tt Leÿpzig.

Bildschönes LEIPZIG

Peter Hirth • Cornelia Fischer

»Mein Leipzig lob ich mir!
Es ist ein klein Paris und bildet seine Leute.«

Johann Wolfgang von Goethe, 1808

BRUCKMANN

Essay .... Seite 10
Leipzig aus der Luft .... Seite 14
Leipziger Weihnachtsmarkt .... Seite 16
Das Alte Rathaus .... Seite 18
Alte Börse und das Goethedenkmal .... Seite 20
Mädlerpassage und Auerbachs Keller .... Seite 22
Romanushaus und Barthels Hof .... Seite 24
Leipziger Passagen .... Seite 26
Museum der Bildenden Künste .... Seite 28
Kaffeebaum und Riquethaus .... Seite 30
Nikolaikirche .... Seite 32
Das Neue Gewandhaus und der Augustusplatz .... Seite 34
Die Oper Leipzig .... Seite 36
Thomaskirche und Thomanerchor .... Seite 38
Mendelssohn-Haus .... Seite 40
Das Bach-Archiv .... Seite 41
City-Hochhaus und MDR-Fernsehen .... Seite 42
Bundesverwaltungsgericht .... Seite 44
Leipziger Parklandschaften .... Seite 47
Das Neue Rathaus .... Seite 48
Bibliotheca Albertina und Universität Leipzig .... Seite 50
Russische Kirche St. Alexi .... Seite 52
Gasometer und Alter Jüdischer Friedhof .... Seite 53
Messe Leipzig .... Seite 54
Die Deutsche Bücherei .... Seite 56
Bahnhof und Bayerischer Bahnhof .... Seite 58
Gohliser Schlösschen .... Seite 60
Das Völkerschlachtdenkmal .... Seite 62
Ums Völkerschlachtdenkmal .... Seite 64
BMW und Porsche in Leipzig .... Seite 66

Sportstadt Leipzig .... Seite 68
Waldstraßenviertel .... Seite 72
Stadtbad Leipzig .... Seite 74
Filmkunstmesse Leipzig .... Seite 75
Der Zoologische Garten .... Seite 76
Leipzig feiert .... Seite 78
Südvorstadt .... Seite 80
Plagwitz und Schleussig .... Seite 84
Plagwitz .... Seite 86
Schrebergärten .... Seite 88
Neuseenlandschaft und Belantis Vergnügungspark .... Seite 90
Leipzig/Halle Airport .... Seite 91
Leipzig bei Nacht .... Seite 92
Impressum .... Seite 93

◁◁ Hinter den restaurierten Bürgerhäusern der Innenstadt taucht Hugo Lichts kolossales Neues Rathaus auf. (S. 4) Südwestliches Panorama von Leipzig mit Neuem Rathaus und Thomaskirche. (S. 6-7)
Hugo Licht's colossal City Hall towers over the city center's restored historical houses. (p. 4) South-west panorama of Leipzig with City Hall and St. Thomas' Church. (p. 6-7)
Derrière les maisons bourgeoises restaurées du centre-ville se dresse l'imposant nouvel hotel de ville d'Hugo Licht. (p. 4) Panorama au sud-ouest de Leipzig avec le nouvel hotel de ville et l'église Saint-Thomas. (p. 6-7)

△ Die Schauseite des Reichsgerichtsgebäudes
The front of the Courthouse
Le coté flatteur du batiment du palais de justice de l'Empire

▽ Schmuckfliesen an Selter's Haus (1907/1908)
The ornamental tiling on Selters Haus (1907/1908)
Des carreaux de decoration sur les murs de la maison Selter (1907/1908)

Leipzig schrieb Geschichte

Leipzig Wrote History / Une page d'histoire s'est écrite à Leipzig

Diese Stadt hat Charakter. Wenn man aus der gotischen Thomaskirche herauskommt, das Motettensingen noch im Ohr, seine Schritte zum Alten Rathaus lenkt, und von dort, am Handelshof vorbei, durch die prächtige Passage von Specks Hof hindurch zur lichtvollen Nikolaikirche geht, dann begegnet man der Geschichte an jeder Ecke. Der Geschichte der über 800 Jahre alten Markt- und Messestadt, deren Kaufleute zu sichtbarem Reichtum kamen: die Patrizierhöfe, in Goethes Worten »nach zwei Straßen ihr Gesicht wendend«, prägen das einzigartige Bild der Innenstadt. Man begegnet auch der Geschichte der stolzen Musikstadt, die Johann Sebastian Bach und Felix Mendelssohn-Bartholdy für sich reklamieren darf. Der Geschichte der bedeutenden Literatur- und Universitätsstadt, in der Goethe und Schiller, Leibniz und Nietzsche, Samuel Hahnemann und Werner Heisenberg wirkten. Und man begegnet der politischen Geschichte: Denn trotz der großen Zerstörungen im Zweiten Weltkrieg und den darauf folgenden 40 Jahren sozialistischer Mangelwirtschaft ist das Stadtzentrum weitgehend erhalten geblieben. Genau 450 Jahre nach Luthers Predigt in der Thomaskirche, 145 Jahre, nachdem der Vormärzpolitiker Robert Blum, Kämpfer für Freiheit und Rechtsstaatlichkeit, vom Balkon des Alten Rathauses flammende Reden hielt, wurde ein Bauwerk der Stadt erneut Schauplatz welthistorischer Ereignisse: Von der Nikolaikirche, die im stürmischen Jahr 1989 zum Wahrzeichen Leipzigs wurde, nahm der Mauerfall und damit die deutsche Wiedervereinigung ihren Anfang.

The city has character. Emerge from the Gothic St. Thomas' Church, head still full of the choir's motets, and make for the Old Town Hall; from there pass Handelshof and go through the magnificent Specks Hof arcade to the light-flooded St. Nicholas' Church (Nikolaikirche): you will encounter history at every turn. Over 800 years of history of this market and trade fair city, whose inhabitants accumulated visible wealth: patrician courtyards which Goethe described as "changing their faces after two streets" dominate the unique setting of the city center. Ever-present, too, is the history of the proud center of music, claiming Johann Sebastian Bach and Felix Mendelssohn-Bartholdy as its sons. The history of the important literary and university city, where Goethe and Schiller, Leibniz and Nietzsche, Samuel Hahnemann and Werner Heisenberg worked and studied. And there is political history too. Despite the havoc wreaked by World War II and the following forty years of Socialist deprivation, the center of Leipzig was largely preserved. Exactly 450 years after Luther's sermon in St. Thomas' and 145 years after the inflammatory speeches of Robert Blum, the politician of the revolutionary "Vormärz" era who fought for freedom and the rule of law, rang out from the balcony of the Old Town Hall, another of Leipzig's buildings became the scene of events on the world stage: St. Nicholas' Church, the landmark of Leipzig in the upheavals of 1989, was the starting-point of the chain of events leading to the fall of the Berlin Wall and German reunification.

Cette ville a du caractère. L'histoire est au coin de chaque rue lorsque, sortant de l'église de Saint-Thomas, les chants de motets résonnants encore à notre oreille, nos pas nous mènent jusqu'à l'ancien Hôtel de ville et que de là, en passant devant la Handelshof et en traversant le splendide passage de la Specks Hof, on rejoint l'église Saint-Nicolas. C'est l'histoire d'une ville de foire et de marché vieille de plus de 800 ans, où les commerçants se sont visiblement enrichis: les cours des patriciens, qui selon les paroles de Goethe « tournaient leur visage vers deux rues à la fois » imprègnent la beauté exceptionnelle du centre-ville. On côtoie aussi l'histoire d'une ville de la musique, fière de pouvoir s'approprier J. S. Bach et Felix Mendelssohn-Bartholdy. C'est aussi l'histoire d'une ville littéraire et universitaire. Goethe et Schiller, Leibniz et Nietzsche, Samuel Hahnemann et Werner Heisenberg ont rayonné ici. Et on côtoie l'histoire politique: car malgré les grandes destructions de la Seconde Guerre mondiale et les 40 années d'une économie de pénurie socialiste, le centre-ville est très bien conservé. 450 années après le sermon de Luther dans l'église Saint Thomas, 145 ans après que le politicien du Vormärz Robert Blum, défenseur de la liberté et de l'Etat de droits, a tenu un discours enflammé sur le balcon de l'ancien Hôtel de ville, un édifice de la ville devint de nouveau le théâtre d'évènements historiques aux répercussions internationales: c'est en effet de l'église Saint-Nicolas, devenue l'emblème de Leipzig pendant l'année mouvementée de 1989, que la chute du Mur et ainsi la réunification allemande furent initiées.

▷ **Demonstranten** zünden 1989 als Zeichen ihres friedlichen Protestes Kerzen an.
In 1989, demonstrators light candles to signal their peaceful protest.
En 1989, des manifestants allument des bougies en guise de protestation pacifique.

LÜGEN HABEN
KURZE BEINE
EGON
ZEIG UNS DOCH MAL

»Heldenstadt« Leipzig

Leipzig, “Heroic City” / Leipzig « Ville de héros »

Die Leipziger haben Charakter. Mit hintersinnig sächsischem Humor verliehen sie ihrer Stadt den sowjetischen Ehrentitel »Heldenstadt«, in jenem Augenblick, in dem sie selbst mit dem »Wunder von Leipzig« den Sturz des Kommunismus mit herbeigeführt hatten. Manfred Krug nennt die Leipziger – und er kennt sie gut, denn er verbrachte hierorts einen Teil seiner Kindheit – »feine und hochherzige Leute«. Die Stadt hat über Jahrhunderte hinweg tüchtige Kaufleute und geniale Künstler hervorgebracht, Gelehrte, Industrielle und Verleger, Pastoren und Politiker, hat im europaweiten Handel und im deutschen Kulturleben stets eine bedeutende Rolle gespielt. Überrascht es da, dass die Leipziger sich nicht von einem maroden, autoritären Staatssystem auf Dauer unterdrücken und bespitzeln lassen wollten? Dass sie zu Schrittmachern der Wende werden mussten? Denn es waren die »Montagsdemonstrationen« der Leipziger Bürger, die 1989 zur friedlichen Revolution führten: Im Anschluss an eines der traditionellen Friedensgebete in der Nikolaikirche kam es am Montag, dem 4. September 1989, zu einer großen Menschenansammlung auf dem Kirchenvorplatz. Erstmals wurden Sprechchöre laut: »Stasi raus«, »Wir sind das Volk!«. Montag für Montag überwanden mehr Menschen ihre Angst. Innerhalb weniger Wochen entwickelten sich die Demonstrationen zu einer machtvollen Bürgerbewegung für mehr Freiheit. Am 9. Oktober 1989 waren es 70 000 Menschen, am Montag darauf 120 000, die in Leipzig auf der Straße waren. Die Bilder gingen um die Welt. Mit ihrem Mut haben diese Namenlosen den Anfang vom Ende der DDR eingeleitet und damit des gesamten Ostblocks.

◀ **Das Wave-Gotik-Treffen**
The Wave Gothic Meet
La mouvement wave gothique

Leipzig people have character. With black Saxon humor, they gave their city the Soviet honorific of “Heldenstadt” (Heroic City) at the very time when they themselves had helped to bring about the downfall of Communism. German actor Manfred Krug – familiar with the people of Leipzig, after spending part of his childhood there – described them as “fine, magnanimous people”. For centuries the city brought forth busy merchants and brilliant artists, scholars, industrialists and publishers, pastors and politicians, and always played a leading role in European commerce and German culture. So is it really surprising that Leipzigers refused to be oppressed and spied on any longer by a crumbling, authoritarian system? That they were themselves forced to become the motor of the “Wende” - the “turning-point”, as the Germans refer to the fall of the Berlin Wall and its concomitant events? After all, it was the Monday demonstrations by the people of Leipzig that led to the peaceful revolution of 1989. On one occasion after the traditional prayers for peace in St. Nicholas‘ Church, large crowds of people gathered in front of the church and the first chants of “Out with the Stasi” and “We are the people!” echoed. Monday after Monday, more and more people overcame their fear. Within weeks the demonstrations had become a mighty grass-roots movement for more freedom. October 9, 1989 saw 70,000 people on the streets of Leipzig: the following Monday the crowd numbered 120,000. Images of the events spread throughout the world. These nameless people demonstrated a courage that spelt the beginning of the end for the German Democratic Republic – and for the Eastern Bloc as a whole.

Les habitants de Leipzig ont du tempérament. Avec leur humour saxon ambigu, ils donnérent à leur ville le titre honorifique soviétique de « Ville de héros », au moment même où leurs actions appelées « miracle de Leipzig » entraînerent la chute du communisme. Manfred Krug – qui les connaît bien car il a passé une partie de son enfance là-bas – les décrit comme des « gens délicats et généreux ». Durant des siècles, la ville a engendré de bons commerçants et des artistes géniaux, des érudits, des industriels et des éditeurs, des pasteurs et des hommes politiques et elle a toujours joué un rôle marquant dans le commerce européen et dans la vie culturelle allemande. Est-ce alors surprenant que les habitants de Leipzig n'aient pas voulu se laisser opprimer et espionner plus longtemps encore par un système d'Etat épuisé et autoritaire ? Qu'ils soient obligés de devenir les initiateurs de la réunification? Car ce sont les « manifestations du lundi » des citoyens de Leipzig qui ont mené à la révolution pacifique de 1989: c'est à la suite de l'une des traditionnelles prières pour la paix dans l'église Saint-Nicolas, qu'un grand attroupement de personnes s'est formé le lundi 4 septembre 1989 sur le parvis de l'église. Pour la première fois, les chœurs firent entendre leurs voix de façon véhémente: « Stasi, va-t'en », « nous sommes le peuple ! ». Lundi après lundi, de plus en plus de personnes surmontaient leur peur. En quelques semaines seulement, les manifestations se transformèrent en un puissant mouvement mené par des citoyens avides de plus de liberté. On dénombra 70 000 personnes le 9 octobre 1989, puis 120 000 le lundi suivant, qui défilèrent dans les rues de Leipzig. Les images firent le tour du monde. Grâce à leur courage, ces personnes anonymes amorcèrent le début de la chute de la R.D.A. et par la même occasion celle de tout le bloc de l'Est.

Leipzig aus der Luft

Leipzig from the air / Leipzig, vue du ciel

◁ ▷ **Wie grün Leipzig ist**, wird aus der Vogelperspektive deutlich: Auenwald, Parks, Gärten und rund 58 000 Straßenbäume. Passend zur überlieferten Herkunft des Namens »urs libzi« – »Stadt der Linden«, sind davon mehr als ein Drittel Linden, so vor allem im Stadtteil Gohlis (r.) ebenso wie in der Nordvorstadt (l.).

A bird's eye view shows how green the city of Leipzig is. Forested river banks, parks, gardens - plus around 58,000 trees lining the streets, a third of which are the lime trees that give the city its name.

C'est vu du ciel que l'on réalise vraiment à quel point Leipzig est une ville verdoyante : des zones forestières alluviales, des parcs sans compter les quelques 58000 arbres de voierie. Un tiers d'entre eux sont des tilleuls à l'image du nom de Leipzig qui viendrait à l'origine d' « urs libzi » – « ville des tilleuls ».

◁ **Der Südfriedhof**, monumental und neoromantisch, ist einer der größten Parkfriedhöfe Europas.

The monumental, neo-Romanesque Südfriedhof cemetery is among Europe's largest park cemeteries.

Les deux tiers des jardins situés autour de l'imposant monument funéraire de style néo-roman abritent toute une population d'arbres très anciens.

▷ **Grüne Lungen** sorgen auch im »Rundling«, der Wohnanlage aus den 20er Jahren in Leipzig-Lößnig, für gute Luft.

Greened areas also bring a breath of fresh air to the "roundel" at Leipzig-Lößnig. It was built in the 1920s.

Les poumons verts du « Rundling » approvisionnent aussi Leipzig–Lößnig en air pur. Est construit des années 20.

▷ **Das Zentralstadion**, 2003 neu errichtet, ist in dem begrünten Wall des Vorgängerbaus platziert.

Central Stadium, built in 2003 for the World Cup within the greened outer perimeter of its predecessor.

Le stade central, construit, est situé sur les ruines verdoyantes de l'ancien stade.

Leipziger Weihnachtsmarkt

Leipzig Christmas Market

Le marché de Noël de Leipzig

◀ **Festlicher Lichterglanz:** Zur Weihnachtszeit strahlt das Alte Rathaus mit der riesigen sächsischen Fichte um die Wette. Die Geschichte des Leipziger Weihnachtsmarkts reicht bis in das Jahr 1767 zurück. Mit seinen über 260 Ständen ist er einer der größten Weihnachtsmärkte Deutschlands und zieht Besucher von nah und fern an, die sich an sächsischen Spezialitäten erfreuen: Zu Kartoffelsuppe und Fettbemme schmeckt die Gose im Stangenglas, und wer zu viel Pulsnitzer Lebkuchen genascht hat, dem hilft mit Sicherheit der »Leipziger Allasch«, ein magenfreundlicher Kümmellikör.

The festive glitter of lights; at Christmas, the Old Town Hall vies for brightness with the enormous Saxon fir. Leipzig's Christmas market can trace its history back to 1767. With over 260 stands, it is among Germany's largest Christmas markets and attracts visitors from far and near to enjoy regional specialities from Saxony: potato soup and bread spread with seasoned pork fat ("Fettbemme") is washed down with wheat beer in tall glasses, and a surfeit of "Pulsnitzer Lebkuchen" gingerbread is quickly cured with "Leipziger Allasch", a caraway liqueur that aids digestion.

Éclats de lumière festifs : à la période de Noël, la vieille mairie, resplendit et rivalise de beauté avec le gigantesque sapin saxon. Les origines du marché de Noël de Leipzig remontent jusqu'à 1767. Avec plus de 260 étals, il compte parmi les plus grands marchés de Noël d'Allemagne. Il attire les visiteurs venus de toutes parts pour déguster les spécialités saxonnes : la Gose, que l'on boit dans un verre en flûte est délicieuse en accompagnement de la soupe de pommes de terre et de la Fettbemme (tartine de saindoux). Celui qui, par excès de gourmandise, a trop mangé de pain d'épice de Pulsnitz, peut être certain que la bienfaisante liqueur au cumin, « l'Allasch Leipzig » facilitera sa digestion.

Das Alte Rathaus

Old Town Hall / L'ancien hôtel de ville

◁ **Der Marktplatz**, im Mittelalter zur Zeit der Leipziger Messe Warenumschlagsplatz, ist bis heute im Jahreskalender mit seinen Wochenmärkten und dem Sächsischen Karneval fest verankert.

A bustling trading center in the medieval times of "Leipzig Fair", the marketplace is still a perl of Leipzig's flair with weekly markets and carnival celebrations.

La place du marché, sur laquelle s'effectuaient au Moyen-Âge les transbordements de marchandises au moment de la foire de Leipzig, est aujourd'hui encore, avec ses marchés hebdomadaires, son carnaval saxon et les marchés de Pâques et de Noël, un lieu crucial dans l'agenda de Leipzig.

▷ **Dieser Renaissancebau** sah Fürstenhochzeiten, die Hinrichtung des armen Soldaten Woyzeck; hier unterzeichnete J. S. Bach die Anstellungsurkunde zum Thomaskantor, proklamierte Robert Blum (Märzrevolution 1848) demokratische Grundrechte.

The Old Town Hall, one of the most important works of the German Renaissance, has witnessed events from royal weddings to the execution of the poor soldier Woyzeck. J. S. Bach signed the document employing him as "Thomaskantor" and Robert Blum proclaimed fundamental democratic rights during the 1848 March Revolution.

L'ancien hôtel de ville est considéré comme l'un des édifices les plus remarquables de la Renaissance allemande. C'est ici que J. S. Bach signa l'arrêté de nomination au poste de cantor de l'église Saint-Thomas. C'est ici que Robert Blum proclama pendant la révolution de mars 1848 les droits fondamentaux démocratiques.

◁ **Im Festsaal** des Alten Rathauses hängen die Porträts der Stadtrichter und wettinischen Landesfürsten in geordneten Reihen.

The great and good: the "Festsaal" of the Old Town Hall contains portraits of the city judges and members of the royal House of Wettin.

Les portraits des juges de la ville et des souverains princiers de Wettin s'alignent les uns à la suite les uns des autres dans la salle des fêtes de l'ancien hôtel de ville.

HERRN GEBURTH IM MDVI. IAHR BEY
BRASSERIE
RESTAURANT
CAFE

Johann
Wolfgang
Goethe

Alte Börse und das Goethedenkmal

Old Stock Exchange, Goethe Monument
L'ancienne bourse et la statue de Goethe

◁ ▷ **Die zierliche Alte Börse** ist ein einzigartiges architektonisches Kleinod. Sie wurde als Leipzigs erster barocker Bau 1678–1687 als Versammlungs- und Geschäftshaus der Kaufleute errichtet.

The Old Stock Exchange ("Alte Börse") is a unique architectural jewel. Built in 1678-1687 as an assembly and trading hall for the city's merchants, it was Leipzig's first Baroque building.

L'élégance de l'ancienne bourse en fait un bijou architectural sans égal. Premier édifice baroque de Leipzig, elle fut construite entre 1678-1687 comme lieu de rassemblement et d'échanges commerciaux pour les marchands.

▷ **Minerva**, die römische Schutzgöttin der Zünfte und Innungen, wacht auf der Dachbalustrade über die Leipziger Börsengeschäfte.

Minerva, goddess of guilds and crafts, watches over Leipzig's exchange trading from the balustrade around the roof.

Minerve, déesse protectrice des corps de métiers et des corporations, veille du haut de la balustrade du toit sur les affaires de la bourse de Leipzig.

◁ **Goethe:** Nach der neuesten Rokoko-Mode gekleidet, beseelt von der Liebe zu Käthchen Schönkopf, auf dem Weg hinüber zu Auerbachs Keller, ein Gedichtbändchen in der Hand: Carl Seffner hat mit seinem Goethe-Denkmal die Leipziger Studentenjahre des Dichterfürsten verewigt.

Elegantly dressed in the latest rococo fashions, inspired by his love of Käthchen Schönkopf, en route for Auerbach's famous tavern with a volume of poetry in his hand: Carl Seffner's monument to Goethe immortalizes the Leipzig student years of the "prince of poetry".

Vêtu avec élégance à la dernière mode rococo, inspiré par son amour pour Kätchen Schönkopf, en route vers la taverne d'Auerbach, un recueil de poésie à la main : c'est ainsi que Carl Seffner a immortalisé les années étudiantes du prince des poètes avec sa statue de Goethe.

TREPPE B
Auerbachs Keller Leipzig
Großer Keller
„Wer nach Leipzig
zur Messe gereist,
ohne auf Auerbachs Hof
zu gehn,
der schweige still,
denn das beweist:
er hat Leipzig
nicht gesehn."
Historische Weinstuben

Mädlerpassage und Auerbachs Keller

The Mädlerpassage and Auerbachs Keller
Le passage Mädler et la taverne d'Auerbach

◁ ▷ »Mephisto« zeigt »Faust«, wo das »leichte Leben« der Studenten zu finden ist: Und Matthieu Molitors Skulpturengruppe zeigt Besuchern der Mädlerpassage den Weg in die Tiefen von »Auerbachs Keller«, wohl Leipzigs berühmteste Gastwirtschaft. Fausts Schuh zu berühren bringt angeblich Glück: entsprechend blank geputzt ist sein Bronzefuß.

Mephisto shows Faust where the students go carousing. The sculpture by Matthieu Molitor leads visitors to Mädlerpassage into the depths of "Auerbachs Keller", probably Leipzig's most famous hostelry. The brightly polished bronze foot of the Faust figure bears witness to the legend that touching the shoe will bring luck.

« Méphisto » fait voir à « Faust » où se trouve « la vie facile » estudiantine : l'ensemble des sculptures de Matthieu Molitor indique aux visiteurs du Mädlerpassage le chemin à suivre pour descendre dans la taverne d'Auerbachs, qui est le restaurant le plus renommé de Leipzig .Toucher la chaussure de Faust porte soi-disant bonheur : cela explique que son pied de bronze soit aussi reluisant.

▷ Die Glaskuppel in der Rotunde sorgt für die taghelle Ausleuchtung.

Mädlerpassage is always bright, thanks to the glass dome in the rotunda.

La coupole en verre dans la rotonde confère un éclairage lumineux au Mädlerpassage.

▷ Der Fasskeller aus dem Jahr 1525: Die Sage von Fausts Fassritt beeindruckte Goethe so sehr, dass er »Auerbachs Keller« als einzigen historisch verbürgten Ort in sein Drama »Faust« aufnahm.

The "Fasskeller" from 1525: the legend of Faust on the barrel riding so impressed Goethe that he included "Auerbachs Keller" as the only real historical location in "Faust".

La légende de Faust a tellement impressionné Goethe que le nom « d'Auerbachs Keller » est le seul nom de lieu authentique à être repris plus tard dans « Faust ».

POTHEKE

Romanushaus und Barthels Hof

The Romanushaus and Barthels Hof
Maison de Romanus et cour de Barthel

◁ **Leipzigs schönstes barockes Bürgerhaus** steht Ecke Brühl und Katharinenstraße. Weil sein Bauherr, Bürgermeister Franz Conrad Romanus, den Preis dafür nicht zahlen konnte, griff er in den Stadtsäckel und musste sein Leben 1746 als Häftling auf der Festung Königstein beenden. Besser erging es 250 Jahre später dem Immobilienspekulanten Jürgen Schneider, dem das Romanushaus seinen heutigen Glanz verdankt: Er saß wegen seiner Milliardenpleite nur vier Jahre im Gefängnis.

At the corner of Brühl/Katharinenstrasse stands Leipzig's most beautiful Baroque patrician house. However, its builder, mayor Franz Conrad Romanus, was unable to pay the price and dipped into the city's coffers was then imprisoned and died in Königstein frotress in 1746. 250 years later, construction magnate Jürgen Schneider, to whom Romanushaus owes its present-day magnificence, fared somewhat better, serving only four years in prison for his debts.

Au coin de la Katharinenstraße et de Brühl se tient la plus belle maison bourgeoise de style baroque de Leipzig. Son maître d'œuvre, le maire Franz Conrad Romanus, n'a d'ailleurs jamais pu en payer le prix. Il mourut en 1746, prisonnier de la forteresse de Königstein pour s'être servi dans les caisses de la ville. 250 ans plus tard, le spéculateur immobilier Jürgen Schneider, à qui l'on doit la splendeur actuelle de la maison de Romanus eut un sort plus enviable : il ne resta que quatre années en prison en raison d'une banqueroute chiffrée en milliards.

▷ **Barthels Hof** in der Nähe des Marktes zählt zu den kulturhistorisch bedeutenden Objekten, die Jürgen Schneider nach dem Mauerfall erwarb und sanierte.

Barthels Hof was also one of the important historic-cultural properties bought and carefully restored by Jürgen Schneider after the fall of the Berlin Wall.

La cour de Barthel, fait partie de ces objets immobiliers culturels historiques d'importance, au lendemain de la chute du Mur et restaurés dans strict respect de leur style.

Leipziger Passagen

Leipzig's Arcades

Les passages de Leipzig

◀ **Eine spezifische Attraktion** der Leipziger Innenstadt sind die vielen Passagen: Sie verbinden die Straßen und Messehäuser miteinander, ohne lange Umwege in Kauf nehmen zu müssen. Die zeitgenössische Architektur hat dieses traditionsreiche Konzept aufgegriffen und im Zeitraum von 1996 bis 2006 eine ganze Reihe ähnlicher Projekte realisiert.
Links der 2001 eröffnete Petersbogen, unten der restaurierte Messehof mit der klassischen 50er Jahre Pilzsäule.

The shopping arcades or "Passagen" are a specific attraction of Leipzig's city center, interconnecting streets and fair centers without the need for long detours. Contemporary architects adopted this traditional idea and created a whole series of similar projects in the decade from 1996 to 2006.
Left: Petersbogen, opened in 2001; below: the restored Messehof with classic 1950s mushroom column.

Les nombreux passages sont une attraction caractéristique du centre-ville de Leipzig : ils relient les rues et les maisons de foire entre elles et épargnent ainsi de longs détours. L'architecture contemporaine a repris ce concept traditionnel et a réalisé toute une série de projets identiques entre 1996 et 2006.
À gauche, le passage du Petersbogen inauguré en 2001, ci-dessous la galerie commerçante du Messehof restaurée avec une colonne en forme de champignon typique des années 50.

Leipziger Passagen
Leipzig's Arcades
Les passages de Leipzig

▷ **Steibs Hof, 1907 als prächtiger Messepalast errichtet**, ist der Stein gewordene Beweis für das blühende Gewerbe des Leipziger Rauchwarenhandels: Über 700 Firmen, die im Pelzgeschäft tätig waren, hatten um den Brühl ihren Sitz.

Steibs Hof, built in 1907 as a magnificent exhibition center, is the architectural proof of Leipzig's flourishing tobacco trade. Over 700 companies in the fur trade were located around the Brühl.

La Steibs Hof (cour de Steib), érigée en palais de foire en 1907, est la preuve architecturale du commerce florissant des métiers de la pelleterie : plus de 700 entreprises travaillant dans le commerce de la fourrure, avaient leur siège autour de Brühl.

▷ **Auch Baron von Speck ging es um das Prestige.** Der Wollhändler errichtete 1908/1909 den nach ihm benannten Hof. Heute beherbergt die aufwendig sanierte Ladenpassage zwischen der Grimmaischen Straße und Nikolaistraße edle Boutiquen.

Prestige was also the goal of Baron von Speck. The wool trader built the courtyard which bears his name in 1908/1909. Today the lavishly restored arcade between Grimmaische Strasse und Nikolaistrasse houses elegant boutiques.

Pour le baron von Speck, le prestige était au centre de tout : ce marchand de laine érigea en 1908/1909 la cour qui porte aujourd'hui son nom. Restaurée en grande pompe, la galerie commerçante située entre la Grimmaische Straße et la Nikolaistraße abrite aujourd'hui des boutiques de luxe.

Museum der Bildenden Künste

Museum Of Fine Arts

Le musée des Beaux-Arts

◁ ▷ **Blitzender Diamant, hässlicher Klotz?** Der Neubau des Museums der Bildenden Künste ist nicht unumstritten. Eines aber ist sicher: In der nördlichen Innenstadt ist 2004 ein lebendiger Ort der Begegnung mit Kunst entstanden. Auf vier Etagen präsentieren sich Gemälde von Lucas Cranach, Caspar David Friedrich oder Neo Rauch, dazu Skulpturen und Installationen wie jene von Bogomir Ecker: »Trillerpfeifen und Ghettoblaster« (1994).

Glittering diamond cube or hideous eyesore? A controversial design for the new Fine Arts Museum. But Leipzig's northern city center certainly gained a vibrant art center when it was built in 2004. Its four floors present paintings from Lucas Cranach and Caspar David Friedrich to Neo Rauch, sculptures and installations like Whistles and Ghetto Blaster by Bogomir Ecker (1994).

Est-ce que c'est : un diamant étincelant, un bloc hideux ? Le nouveau bâtiment du musée des Beaux-Arts est très controversé. Le centre-ville nord de Leipzig a vu naître en 2004 un endroit vivant propice aux rencontres artistiques. Des peintures de Lucas Cranach, Caspar David Friedrich ou de Neo Rauch mais aussi des sculptures et installations comme celle de Bogomir Ecker y sont exposée.

◁ **Max Klingers Monumentalfigur** von Beethoven bildet den Kontrast zu einem Relikt der verschwundenen DDR-Alltagskultur: Die Neonreklame für »Isolator«-Zündkerzen wirft, zur Objektkunst erhoben, ihr Licht auf die Besucher.

Max Klinger's monumental figure of Beethoven contrasts with a relic of now-vanished everyday life in the GDR: elevated to an art object, the neon advertising sign for "Isolator" spark plugs bathes visitors in its historic light.

La statue monumentale de Max Klinger représentant Beethoven contraste avec une relique du quotidien culturel, de la RDA : l'enseigne publicitaire pour les bougies « isolator », mise au rang d'objet d'art, projette sur les visiteurs une lumière aux connotations historiques.

Kaffeebaum und Riquethaus

Coffee Tree and Riquethaus

Le caféier et la maison Riquet

◁ Ein »Scheelen Heessen«: der »Kaffeesachse« ist berühmt. Und das Haus »Zum Coffe Baum« verkörpert seit 1711 die große Tradition der Leipziger Kaffeehauskultur. Es ist das älteste erhaltene Kaffeehaus außerhalb der arabischen Welt und dazu der älteste noch in Betrieb befindliche Kaffeeausschank in Deutschland.

A "Scheelen Heessen": Saxony's love of coffee is well known. And "Zum Coffe Baum" (Coffee Tree) has epitomized the great tradition of Leipzig's café culture since 1711: the oldest coffee house still in existence outside the Arab world and Germany's oldest café still in operation.

Un « Scheelen Heeßen »: le « Kaffeesachse » (le café saxon) est réputé. La maison « Zum Coffe Baum » incarne depuis 1711 la grande tradition du café maison de Leipzig. Indépendamment du monde arabe, elle est la plus ancienne maison du café encore conservée à ce jour et aussi le plus ancien débit de café encore en service en Allemagne.

▷ »Das Elefantenhaus«, errichtet 1908/1909, zählt zu den originellsten Sehenswürdigkeiten Leipzigs. Seinen Namen hat es von den die Eingangstür zum Café flankierenden Elefantenköpfen, Markenzeichen der Kolonialwaren- und Schokoladefirma Riquet & Co.

One of Leipzig's most original sights is the Elephant House café, named after the elephant heads flanking its door - the trademark of grocery and chocolate company Riquet & Co. and built in 1908/1909.

« L'Elefantenhaus » (maison des éléphants), construite en 1908/1909 fait partie des curiosités les plus originales de Leipzig : elle doit son nom aux deux têtes d'éléphants qui ornent l'encadrement de la porte d'entrée du café, et qui sont l'emblème de la marque de la chocolaterie et de produits coloniaux Riquet & Co.

RIQUET & CO. A.G.
RIQU
Speck's Hof
GEROLSTEINER

Nikolaikirche

St. Nicholas' Church

L'église Saint-Nicolas

▷ **Als Ort der Montagsgebete** wurde die Nikolaikirche ein Zentrum der friedlichen Revolution in der DDR. Leipzigs größtes Gotteshaus füllte sich seit 1982 von Montag zu Montag, von Jahr zu Jahr mit immer mehr Menschen – Gläubigen, Regimekritikern, eingeschleusten SED-Genossen. Am 9. Oktober 1989, dem »Tag der Entscheidung«, waren es 70 000, die sich mit Kerzen in den Händen in und vor der Kirche versammelten.

As the location of the "Monday demonstrations", St. Nicholas' became a center of the peaceful revolution in East Germany. Every Monday from 1982 onward, Leipzig's largest church attracted growing multitudes of people – believers, critics of the regime, undercover moles of the SED party. On October 9, 1989, the "Day of Decision", a crowd of 70,000 gathered at the church, holding candles.

Lieu de prière du lundi, l'église St Nicolas est devenue un centre de la révolution pacifique en RDA. Depuis 1982, tous les lundis de chaque année, la plus grande maison de Dieu de Leipzig a accueilli de plus en plus de personnes – des croyants, des opposants au régime, des membres clandestins du SED (Parti socialiste unifié d'Allemagne). Le 9 octobre 1989, « jour de la décision », ce furent 70.000 personnes qui se réunirent dans l'église et sur son parvis tenant une bougie à la main.

◁ **Der lichte Innenraum** von St. Nikolai verdankt sein heutiges Aussehen der Umgestaltung durch Johann Carl Friedrich Dauthe von 1784 bis 1798: Er verwandelte die achteckigen gotischen Pfeiler in Palmen, Symbole des Sieges und des himmlischen Friedens.

The bright interior of St. Nicholas' owes its present-day appearance to Johann Carl Friedrich Dauthe, who redesigned the church from 1784 to 1798 and transformed the octagonal Gothic columns into palm trees, symbols of victory and heavenly peace.

L'aspect actuel de l'intérieur lumineux de l'église St Nicolas est dû au réagencement de Johann Carl Friedrich Dauthe effectué dans les années 1784 à 1798 : il transforma les piliers octogonaux gothiques en palmiers, symboles de victoire et de paix céleste.

Das Neue Gewandhaus und der Augustusplatz

The Neues Gewandhaus and the Augustusplatz / Le nouveau Gewandhaus et la place d'Auguste

◁ ▷ **Das Gewandhausorchester** ist das älteste bürgerliche Konzertorchester der Welt. Den Neubau des im Zweiten Weltkrieg zerstörten alten Gewandhauses verdankt Leipzig Kurt Masur, von 1970 bis 1997 Kapellmeister des Orchesters. Abends leuchtet hinter der Glasfassade Sighard Gilles monumentales Foyergemälde »Gesang vom Leben«.

The Gewandhaus Orchestra has a proud history, it is the oldest bourgeoisie-founded concert orchestra in the world. Kurt Masur, its conductor from 1970 to 1997, initiated the building of a new hall to replace the original destroyed in World War II. At night, Sighard Gilles' monumental painting "Song of Life" glows behind the glass façade.

Une institution musicale riche d'un fort passé historique : l'orchestre du Gewandhaus est le plus ancien orchestre symphonique au monde d'initiation bourgeoise. Leipzig doit la reconstruction de l'ancienne Gewandhaus (halle aux tissus), détruite lors de la Seconde Guerre mondiale à Kurt Masur. Chaque soir l'immense fresque du hall de Sighard Gilles « Chant de vie » resplendit derrière la grande façade de verre.

◁ ▷ **Der Augustusplatz**, um 1900 einer der schönsten deutschen Plätze, wurde im Zweiten Weltkrieg total zerstört. Von den historischen Bauten existieren der Mendebrunnen (1886) und das Krochhaus (1927): Es war das erste Hochhaus Leipzigs und erinnert mit den Glockenmännern an den Uhrturm von Venedig.

Augustusplatz, one of the most beautiful squares in Germany around 1900, was razed in World War II. Only the Mendebrunnen fountain (1886) and Krochhaus (1927) have survived: the latter was Leipzig's first high-rise building and, with the bronze bellringers on its roof, is reminiscent of the Campanile in Venice.

L'Augustusplatz, fut réduite en cendres lors de la Seconde Guerre mondiale. Les seuls vestiges historiques préservés sont la Mendebrunnen (1886) et la Krochhaus (1927) : qui rappelle la tour de l'horloge de Venise.

Die Oper Leipzig

Leipzig Opera House / L'opéra de Leipzig

Das Opernhaus, errichtet 1956 bis 1960, begrenzt den Nordrand des Augustusplatzes. Den Architekten des ersten und einzigen Musiktheaterneubaus der DDR gelang es, Stilzitate des klassizistischen Vorgängerbaus harmonisch mit industriell vorgefertigten 50er-Jahre-Bauteilen zu vereinen. Aktuell im Repertoire: Traditionelles Ballett und provokantes Regietheater (»Der fliegende Holländer«, 2008).

The Opera House, built 1956 to 1960, occupies the northern edge of Augustusplatz. The architects of the first and only musical theater to be built in the GDR succeeded

in harmonizing the style of its classicist predecessor with the prefabricated construction elements of the 1950s. The current repertoire of the Opera House ranges from traditional ballet to controversial director's theater ("The Flying Dutchman", 2008).

Le nord de l'Augustusplatz délimite l'opéra. Les architectes de cette première et unique construction de théâtre musical de la RDA sont parvenus à réaliser un chef d'œuvre en associant de façon harmonieuse les citations stylistiques du bâtiment précédent de type classique aux les éléments de construction préfabriqués industriels des années 50. Actuellement au répertoire : un ballet traditionnel et du théâtre de régie provocant (« Le Hollandais volant », 2008).

Thomaskirche und Thomanerchor

St. Thomas' Church and Thomanerchor Choir / L'église Saint-Thomas et le chœur de Saint-Thomas

◁ ▷ **Die spätgotische Thomaskirche**: Pilgerziel für Musikfreunde aus aller Welt. Hier wirkte Johann Sebastian Bach von 1723 bis zu seinem Tod am 28. Juli 1750 als Kantor. Im Chorraum hat Bach seine letzte Ruhestätte gefunden.

Music fans from around the world flock to the church of St. Thomas to visit the grave of Johann Sebastian Bach, cantor here from 1723 to his death July 28th, 1750.

L'église St Thomas de style gothique flamboyant : C'est ici que Johann Sebastian Bach occupa la fonction de cantor dès 1723 et jusqu'à sa mort le 28 juillet 1750. C'est dans la salle du chœur de la maison de Dieu que Bach est en Terré.

▷ **Johann Sebastian Bach** auf hohem Sockel: An der Südseite der Thomaskirche steht sein überlebensgroßes Bronzedenkmal, geschaffen von dem Leipziger Bildhauer Carl Seffner.

Placing Bach on a pedestal: A larger-than-lifesize bronze memorial to the composer by Leipzig sculptor Carl Seffner stands on the southern side of St. Thomas' Church.

Johann Sebastian Bach sur un piédestal : sur le côté sud de l'église St Thomas se trouve une statue en bronze, réalisée par le sculpteur de Leipzig Carl Seffner.

▷ **Der Thomanerchor** singt seit mehr als 780 Jahren zur Ehre Gottes. Die »Thomaner« widmen sich Bachs Werk, das sie in der Thomaskirche regelmäßig bei Motetten, Kantaten und in Sonntagsgottesdiensten zu Gehör bringen.

The Thomanerchor, the choir of St. Thomas' Church, has sung God's praises for over 780 years. The choir pays particular attention to the works of Bach; his motets and cantatas are regularly performed at church services on Sundays and other occasions.

Depuis plus de 780 années, le choeur de l'église St Thomas chante à la sloire de Dieu. Naturellement les Thomaner se consacrent particulièrement à l'œuvre de Bach, qu'ils font découvrir régulièrement lors des célébrations religieuses dominicales.

Mendelssohn-Haus

Mendelssohn's House

La maison de Felix Mendelssohn

▷ **Felix Mendelssohn-Bartholdys** (1809–1847) original erhaltenes Arbeitszimmer in der Beletage des Mendelssohn-Hauses. Als Gewandhauskapellmeister erlebte der Komponist wohl seine freudevollsten Jahre. Das Genie der musikalischen Romantik fühlte sich im Flair der kulturbeflissenen Stadt wohl; und Leipzig dankte es ihm mit der Ehrenbürgerschaft. Im »Mendelssohn-Museum« in der Goldschmidtstraße erhält der interessierte Besucher Informationen zum Leben und Wirken des Musikers, der als 26-jähriger sein Leipziger Antrittskonzert gab.

A glance into the originally preserved study of Felix Mendelssohn-Bartholdy (1809-1847) in the "bel étage" of the composer's house. Mendelssohn probably experienced his happiest years as conductor of the Gewandhaus Orchestra. The genius of the Romantic movement, who gave his first concert in Leipzig at the age of 26, was happy in the thriving cultural hothouse, and Leipzig rewarded him with the freedom of the city. Visitors to the "Mendelssohn Museum" in Goldschmidtstrasse can find plentiful information on Mendelssohn's life and work.

Aperçu de la chambre de travail de Felix Mendelsohn-Bartholdy (1809-1847) restée dans son état d'origine à l'étage noble de la « maison Mendelssohn ». Le compositeur a connu ses plus belles années en tant que chef d'orchestre du Gewandhaus. Ce génie du romantisme musical se sentait particulièrement à l'aise dans l'atmosphère de cette ville de culture. Leipzig le lui rendit bien en lui décernant le titre de citoyen d'honneur. Dans le « Musée Mendelssohn » de la Goldschmidtstraße, le visiteur curieux obtient des informations sur la vie et l'activité de ce musicien, qui donna son premier concert à Leipzig à l'âge de 26 ans.

Das Bach-Archiv

The Bach Archive

Les archives de J.S. Bach

▷ **Kanons, Kantaten, Kammermusik …** Alle Noten, die das Bach-Werke-Verzeichnis enthält, finden sich im Bach-Archiv. Die zentrale Forschungs- und Dokumentationsstelle zu Johann Sebastian Bach ist im historischen, jüngst komplett sanierten »Bose-Haus« am Thomaskirchhof untergebracht. Unter demselben Dach befinden sich auch das Bach-Museum, eine musikwissenschaftliche Spezialbibliothek und nicht zuletzt ein einzigartiger barocker Fest- und Konzertsaal: Im »Sommersaal« (unten), dessen Deckengemälde eine durch Seilzug zu öffnende Echokammer verbirgt, ergötzen Musiker sich an akustischen Spezialeffekten.

Canons, cantatas, chamber music … the Bach Archive contains every work classified in the "Bach-Werke-Verzeichnis". The research and documentation center for the life and works of Johann Sebastian Bach is housed in the historic "Bose-Haus" at the churchyard of St. Thomas, recently completely restored. The same premises are also home to the Bach Museum, a musicology library and a unique Baroque concert and ceremonial hall. This "Sommersaal" (below) conceals an echo chamber above its ceiling frescoes which can be winched open; the acoustic effects thus created are a delight to musicians.

Des canons, des cantates, de la musique de chambre … Toutes les partitions contenues dans le registre de l'œuvre de Bach sont rassemblées aux archives de Bach. Le centre de documentation et de recherche consacré à Johann Sebastian Bach e'tabli au sein de l'historique « Bose Haus », restaurée récemment entièrement et située près de l'église Saint-Thomas. On trouve sous le même toit le musée de Bach, une bibliothèque spécialisée en musicologie, sans oublier aussi une salle de concert et une salle des fêtes baroque extraordinaire : la « Sommersaal », dont la fresque du plafond cache une chambre anéchoïque s'ouvre par un système à poulie (ci-dessous), où les musiciens peuvent se délecter de toutes sortes d'effets spéciaux acoustiques.

City-Hochhaus und MDR-Fernsehen

City-Hochhaus and MDR-Television

City-Hochhaus et la télévision du MDR

◁ ▷ Mit dem Bau des City-Hochhauses wollte die DDR hoch hinaus: das 1972 fertiggestellte Prestigeprojekt war zu seiner Zeit das höchste Gebäude Deutschlands. Die Aussichtsplattform auf dem Dach des »Weisheitszahns«, wie das ehemalige Universitätsgebäude im Volksmund genannt wird, ist bis heute ein beliebtes Touristenziel.

The high-rise City-Hochhaus demonstrated high ambitions on the part of the GDR. Completed in 1972, at the time the prestigious building was the highest in Germany. Today the viewing platform on the roof of the "Wisdom Tooth", as the former university building is colloquially known, is a popular tourist destination.

La RDA a visé bien haut avec la construction du building « City Hochhaus » : ce projet prestigieux achevé en 1972 était à l'époque le bâtiment le plus haut d'Allemagne. La plate-forme panoramique placée sur le toit de l'ancien bâtiment universitaire, surnommé « dent de sagesse » dans le langage populaire, est une attraction touristique encore appréciée aujourd'hui.

▷ Ein Bildschirm über der Stadt: Auf dem denkmalgeschützten Gelände des ehemaligen Schlachthofs an der Kantstraße wurde 2000 die hochmoderne MDR-Zentrale (Mitteldeutscher Rundfunk) errichtet. Aus ihren Studios kommen die aktuellsten Nachrichten für Sachsen, Sachsen-Anhalt und Thüringen in die Haushalte.

Screening the city: the ultra-modern MDR broadcasting center was built in 2000 on the heritage-protected premises of the former abattoir at Kantstrasse. The studios produce the latest news for Saxony, Saxony-Anhalt and Thuringia for viewers in these regions.

Un écran au-dessus de la ville : le bureau central ultramoderne de la MDR a été construit en 2000 au niveau de la Kantstraße sur le site classé monument historique de l'ancien abattoir. Ce sont á partir ses studios que les actualités les plus récentes sont directement diffusées dans les foyers de Saxe, de Saxe-Anhalt et de Thuringe.

BUNDESVERWALTUNGSGERICHT

Bundesverwaltungsgericht

Federal Administrative Court

Le tribunal administratif fédéral

◁ **Das Reichsgericht** hatte im Wilhelminischen Reich seinen Sitz in Leipzig. Im Laufe der Geschichte wurden in den dicken Mauern des repräsentativen Baus viele spektakuläre Prozesse geführt, u.a. 1907 das Hochverratsverfahren gegen Karl Liebknecht. Die Ursachen des Reichstagsbrandes in der Nacht vom 27. auf den 28. Februar 1933 sind bis heute umstritten. Nicht aber seine Folgen: Der berühmte Reichstagsbrandprozess war jenes Ereignis, das die Macht der Nationalsozialisten festigte und deren Gegner von der politischen Bildfläche verschwinden ließ. Nach der deutschen Wiedervereinigung aufwendig restauriert, wird das monumentale Gebäude heute vom Bundesverwaltungsgericht genutzt.

In the Wilhelmine era, Leipzig was the seat of the Imperial Court. During the course of history, the thick walls of the impressive building saw many spectacular court proceedings – such as the trial of Karl Liebknecht for treason in 1907. While the causes of the Reichstag fire in the night of 27 February 1933 are still a subject of speculation, its results were clear: the famous Reichstag fire trial, also held here, consolidated the power of the National Socialists and swept their opponents out of the political arena. Lavishly restored after German reunification, the monumental building is today the seat of the Federal Administrative Court.

Leipzig était le siège de la Cour suprême de l'empire allemand sous le Reich wilhelmien. De nombreux procès spectaculaires furent menés entre les murs épais de cet édifice représentatif au cours de l'histoire, entre autres le procès de haute trahison à l'encontre de Karl Liebknecht en 1907. Les origines de l'incendie du Reichstag dans la nuit du 27 au 28 février 1933 sont controversées jusqu'à aujourd'hui. Mais pas ses conséquences : le célèbre procès de l'incendie du Reichstag fut l'événement qui consolida le pouvoir des national-socialistes et qui fit disparaître leurs opposants de la scène politique. Après une restauration coûteuse au lendemain de la réunification allemande, l'édifice monumental tient lieu aujourd'hui de tribunal administratif fédéral.

Bundesverwaltungsgericht

Federal Administrative Court

Le tribunal administratif fédéral

◁ **Den Mittelbau** des ehemaligen Reichsgerichts krönt eine Kupfer gedeckte Zentralkuppel. Deren oberen Abschluss bildet eine Laterne mit der aufgesetzten, über fünf Meter hohen Bronzefigur der Wahrheit. Doch nicht alle der hier verhandelten Prozesse, insbesondere die politischen, dienten der Wahrheitsfindung.

The central section of the former central court (Reichsgericht) is crowned by a copper-covered dome, atop which stands a lantern with a bronze figure of Truth over five meters high. But not all trials held here – particularly those over political issues – have always served to uncover the truth.

Un dôme recouvert de cuivre surplombe la partie médiane du bâtiment de l'ancienne Cour suprême de l'empire allemand. Une lanterne se trouve à son extrémité supérieure. Elle est elle-même surmontée d'une statue de la vérité en bronze située à plus de cinq mètres de haut. Mais tous les procès traités ici, en particulier les procès politiques, n'ont pas forcément rénssi à établir la vérité.

◁ **Unter den elf Sälen** des historischen Reichsgerichtsgebäudes ist der Sitzungssaal der vereinigten Senate der prunkvollste. Im Renaissancestil gestaltet, zeichnet er sich besonders durch seine großartige Akustik aus. Heute finden in diesem holzgetäfelten Saal, in dem 1933 der Reichstagsbrandprozess geführt wurde, regelmäßig Konzerte statt.

The most magnificent of the eleven halls in the historic court building is the Court of the United Senate. The neo-Renaissance-style hall has outstanding acoustics. Today regular concerts are held in the wood-paneled former courtroom in which the Reichstag fire trial took place in 1933.

La salle de conférence des sénats unis est la plus magnifique des onze salles que compte le bâtiment historique de la Cour suprême de l'empire allemand. Agencée dans le style Renaissance, elle se distingue particulièrement par son extraordinaire acoustique. Des concerts ont régulièrement lieu aujourd'hui dans cette salle boisée, dans laquelle le procès de l'incendie du Reichstag fut mené en 1933.

Leipziger Parklandschaften
Leipzig's Parks
Les parcs à l'anglaise de Leipzig

▷ Weisse Elster, Parthe und Pleisse bilden im Leipziger Stadtgebiet ein Netz von 84 Kilometern. Auch wenn das meiste Wasser heute nur mehr unterirdisch fließt und Leipzig seinen Charakter als Fluss-Stadt verloren hat, die vielen Grünanlagen und ausgedehnten Parks sind eine natürliche Folge der geografischen Gegebenheiten. Wer sich für den Clara-Zetkin-Park, den Johannapark oder den Auenwald etwas näher interessiert, begibt sich auf einen interessanten Streifzug durch die Leipziger Geschichte der Gartenkunst.

The Weisse Elster, Parthe and Pleiße rivers form a network spanning 84 kilometers within the city boundaries. Although today the majority of Leipzig's waterways have become underground rivers and the city has lost its character as a riverbank settlement, its multitude of parks and green areas are a natural consequence of its geographical location. Visitors who embark on an exploration of Clara-Zetkin-Park, Johannapark or the forested water-meadows are drawn into a fascinating journey through the history of landscape design in Leipzig.

La Weiße Elster, la Parthe et la Pleiße forment un réseau fluvial de 84 kilomètres sur le territoire de la commune de Leipzig. Aujourd'hui, la majeure partie de l'eau est canalisée et enfouie sous terre et Leipzig a perdu son caractère de ville fluviale. Pourtant, les nombreux espaces verts et l'étendue des parcs confirment bien l'existence géographique de cette nature fluviale. Celui qui souhaite découvrir le parc Clara–Zetkin, le parc Johanna ou la forêt alluviale d'Auenwald de façon plus approfondie, entreprendra une balade des plus intéressantes à travers l'histoire de l'art botanique de Leipzig.

Das Neue Rathaus

New Town Hall / La nouvelle mairie

◄ **Der 115 Meter hohe Turm** des Neuen Rathauses ist eines der Wahrzeichen Leipzigs. Mit seinen Giebeln und Türmen wirkt das nach Plänen des Stadtbaurats Hugo Licht in den Jahren 1899 bis 1905 errichtete Gebäude wie eine wuchtige Trutzburg. Und tatsächlich ruht das wohl größte deutsche Rathaus auf den Grundmauern der mittelalterlichen Pleißenburg.

115 meters high, the tower of the New Town Hall is a landmark of Leipzig. Designed by city planning officer Hugo Licht and constructed in 1899 to 1905, it gives the impression of a mighty fortress, bristling with turrets and gables. And indeed, what is probably Germany's largest city hall is built on the foundations of the medieval castle of Pleißenburg.

La tour haute de 115 mètres de la nouvelle mairie est devenue l'un des emblèmes de Leipzig. Avec ses pignons et ses tours, le bâtiment érigé entre 1899 et 1905, d'après les plans de l'architecte et conseiller de la ville, Hugo Licht, prend des allures de château fort indestructible. Effectivement, cette mairie, qui est sans doute la plus grande d'Allemagne, repose sur les fondations du fort médiéval de Pleißenburg.

Bibliotheca Albertina und Universität Leipzig

The Bibliotheca Albertina and Leipzig University / La Bibliotheca Albertina et L'Université de Leipzig

◁ ▷ 1543 ALS PAULINERBIBLIOTHEK gegründet, ist die Leipziger Universitätsbibliothek die zweitälteste Universitätsbibliothek Deutschlands. In ihrem Besitz sind kostbare Papyri, mittelalterliche Handschriften und über 3000 Inkunabeln, darunter eine Gutenberg-Bibel. 1888 bis 1891 wurde das Bibliotheksgebäude, benannt nach dem damals regierenden König Albert von Sachsen, eröffnet. Nach vollständiger Sanierung und Erweiterung wurde die Bibliotheca Albertina 2002 wieder ihrer Bestimmung übergeben und ist heute mit ihren über 5,4 Millionen Medieneinheiten eine hochmoderne Arbeitsbibliothek für die Studierenden der Universität.

Built in 1543 as the library of the Paulinum institution, Leipzig University Library is the second oldest university library in Germany. It houses precious papyri, medieval manuscripts and over 3000 incunabula including a Gutenberg bible. The library building was opened in 1888 to 1891 and named after the monarch at that time, King Albert of Saxony. After complete renovation and extension, Bibliotheca Albertina resumed its original purpose in 2002 and is today a state-of-the-art reference library for the University's students, with over 5.4 million media in its collections.

Bibliothèque de Pauline à l'origine en 1543, la bibliothèque universitaire de Leipzig est la deuxième plus ancienne bibliothèque universitaire d'Allemagne. Elle a en sa possession de précieux papyrus, de nombreuses écritures médiévales et plus de 3000 incunables, dont une bible de Gutenberg. Le bâtiment de la bibliothèque, qui emprunte son nom au roi Albert souverain à cette époque, fut inauguré entre 1888 et 1891. Après une restauration complète et une extension, la Bibliotheca Albertina a réouvert ses portes en 2002. Elle est aujourd'hui avec plus de 5,4 millions de matériels multimédias une bibliothèque de documentation et de recherche ultramoderne pour les étudiants de l'université.

Russische Kirche St. Alexi

Russian Church of St. Alexi

L'église russe St Alexis

◁ **Die russische Gedächtniskirche,** 1913 dem heiligen Alexius geweiht, ist ein außergewöhnlicher Blickfang im Leipziger Südosten. Mit ihr wurde aus Anlass der 100-Jahr-Feier den in der Völkerschlacht bei Leipzig gefallenen 22 000 russischen Soldaten ein Denkmal gesetzt. Der Turm, nach dem Vorbild des Nowgoroder Stils des 16. Jahrhunderts geformt, steht nicht neben der Kirche, sondern wächst blütenförmig aus dem Hauptbau empor.

An unusual and eye-catching sight in Leipzig's south-east, the Russian Church of St. Alexi was consecrated in 1913, as part of the 100th-anniversary ceremony of the Battle of the Nations and designed as a memorial to the 22,000 Russian soldiers who fell there. The tower was modeled on the 16th-century Novgorod style and is not positioned next to the main church building, but grows out of it like a petalled flower.

Un point d'observation exceptionnel au sud-est de Leipzig : l'église commémorative russe consacrée en 1913 à Saint Alexis. Un monument fut par ailleurs aussi édifié à l'occasion de la célébration des 100 ans de la Bataille des Nations au cours de laquelle 22 000 soldats russes tombèrent près de Leipzig. La tour, dont la forme s'inspire de l'exemple du style de Novgorod du 16e siècle n'est pas située à côté de l'église, mais au cœur même de l'édifice principal dont elle jaillit telle une fleur.

Gasometer und Alter Jüdischer Friedhof

Gasometer and old Jewish Cementary
Gazomètre et l'ancien cimetière juis

▷ Im alten Gasometer scheint Grünes Dämmerlicht: Seit März 2009 birgt der Industriebau das weltgrößte Amazonien-Rundum-Panorama des Berliner Künstlers Yadegar Asisi. Im Maßstab 1:1, über 100 Meter lang und 30 Meter hoch, erweckt das Zauberbild im Betrachter die perfekte Illusion eines Regenwaldes.

Green (twi)light for the old gasometer: since March 2009 this industrial relic has been home to the world's largest 360-degree panorama of the Amazon, by Berlin artist Yadegar Asisi. A 1:1 depiction of the Brazilian rainforest, this magical work is over 100 meters long and 30 meters high and perfectly captures the illusion of the forest.

Depuis mars 2009, le site industriel accueille le plus grand panomètre amazonien du monde réalisé par l'artiste berlinois Yadegar Asisi. L'image enchanteresse éveille chez le spectateur l'illusion parfaite d'une forêt tropicale brésilienne à une échelle de 1:1 et cela sur plus de 100 mètres de longueur et 30 mètres de hauteur.

▷ Der Alte jüdische Friedhof ist ein bedeutsames Geschichtsdenkmal. Mitte der 1920er Jahre lebten mehr als 12 000 Juden in Leipzig. Sie alle mussten während des Dritten Reiches ihre Stadt verlassen, wurden deportiert oder kamen in Konzentrationslagern um.

The old Jewish cemetery, still in use until 1928, is a historic monument that is rich in significance. Over 12,000 Jews lived in Leipzig in the mid-1920s; during the Third Reich, all were forced to leave their homes. Those unable to flee into exile were deported. Many of Leipzig's Jewish population died in concentration camps.

L'ancien cimetière juif qui fut entretenu jusqu'en 1928, est un mémorial historique de grande importance. Plus de 12 000 Juifs vivaient au milieu des années 20 à Leipzig. Ils durent tous quitter leur ville durant le Troisième Reich. Ceux qui ne purent pas se sauver dans l'exil, furent déportés. Beaucoup de Juifs de Leipzig ont trouvé la mort dans les camps de concentration.

Messe Leipzig

The fair in Leipzig / La foire de Leipzig

◁ **Funktional und attraktiv**: das 1996 eröffnete Neue Leipziger Messegelände direkt an der A14. Es gilt mit einer Gesamtfläche von 10 Quadratkilometern als das größte Ausstellungsgelände in Europa. Zentraler Anlaufpunkt ist die zentrale Glashalle, die dem Vorbild des Leipziger Bahnhofs nachempfunden ist.

Functional and attractive: the New Leipzig Trade Fair Center is located directly on the A14 highway and was opened in 1996. With a total area of ten square kilometers, it is believed to be the largest exhibition ground in Europe. At its heart is the central glass hall modeled on Leipzig Railway Station.

Le nouveau parc d'exposition de Leipzig a ouvert ses portes en 1996. Il est considéré comme le plus grand parc d'exposition d'Europe. Le point de d'accueil central est le hall central vitré qui s'inspire du modèle de la gare de Leipzig.

◁ ▷ **Die Leipziger Buchmesse** ruft das größte Medienecho hervor: Ihre Geschichte reicht bis weit in das 17. Jahrhundert zurück, wo ihre Besucher in Kontakt mit promienenten Autoren kommen.

Leipzigs Book Fair has a history stretching back into the 17th century. Today the fair is an extremely reader-friendly event, where visitiors may rub shoulders with literary greats.

La foire du livre de Leipzig a une renommée médiatique sans pareil. La foire du livre de Leipzig est particulièrement appréciée des lecteurs. Ses visiteurs ont même l'occasion de rencontrer des auteurs de renom.

◁ **Das Messezeichen Leipzigs** ist seit 1917 das Doppel-M: Dieses Symbol signalisiert einen wichtigen Standort für Messen jedíglicher Art.

The double M symbol has been the emblem of Leipzig Trade Fair since 1917. It marks the site of Leipzig Book Fair and of a broad range of industrial and consumer exhibitions.

Depuis 1917, le double M est devenu le symbole de la foire de Leipzig : il ne caractérise pas seulement la foire du livre mais aussi de nombreuses foires industrielles et expositions de consommateurs.

Leipzig liest
maxxprint
resourcement.com
Halle 2
Stand A 501
Die Päpstin
zum Hören
Leipzig liest
arte
mdr
ER ROTE DAMPFER
im DSV-Verlag
Halle 2 Stand
ER ROTE DAMPFER
Im DSV-Verlag
Halle 2 Stand
RLAGSGRU

Die Deutsche Bücherei

German National Library

La bibliothèque allemande

▷ **Der Börsenverein** der deutschen Buchändler gründete 1912 mit dem Königreich Sachsen die Deutsche Bücherei als Gesamtarchiv der deutschen Buchbranche. 1916 wurde am Deutschen Platz das Hauptgebäude mit dem Bücherturm eingeweiht.

The pride of a publishers' city: founded in 1912 by the Association of German Book Dealers and the Kingdom of Saxony, the German National Library is the central archival library for Germany's publishing industry. The main building with its »tower of books« was opened in 1916 at Deutscher Platz.

L'association des éditeurs et libraires allemands fonda en 1912 avec le Royaume de Saxe la Deutsche Bücherei (Bibliothèque allemande) pour mettre en place les archives centrales de toute la branche allemande du livre. Son inauguration eut lieu en 1916 sur la Deutsche Platz.

▷ **Den Haupteingang** der Deutschen Bücherei bewachen die Büsten von Otto von Bismarck, Johannes Gutenberg und Johann Wolfgang von Goethe.

The entrance to the German National Library is watched over by Otto von Bismarck, Johannes Gutenberg and Johann Wolfgang von Goethe.

Les bustes d'Otto von Bismarck, de Johannes Gutenberg et de Johann Wolfgang von Goethe veillent sur l'entrée principale.

◁ **Konzentrierte Arbeitsatmosphäre** herrscht im Großen Lesesaal. Seit 2006 trägt die Deutsche Bücherei gemeinsam mit der Frankfurter Deutschen Bibliothek den Namen Deutsche Nationalbibliothek.

Concentration reigns in the main Reading Room. The Library was amalgamated with the German Library in Frankfurt in 2006 and given its official name of German National Library.

Une atmosphère de travail studiense règne dans la grande salle de lecture. Depuis 2006, la bibliothèque allemande et la bibliothèque allemande de Francfort portent ensemble le nom de bibliothèque nationale allemande.

Bahnhof und Bayerischer Bahnhof

Railway Station and "Bavarian Station"
La gare et La gare bavaroise

▷ **Eines der ambitioniertesten Bauvorhaben** kostete mehr als 500 Millionen DM: Die Umwandlung von Europas größtem Kopfbahnhof in eine »Erlebniswelt mit Gleisanschluss«.

One of the most ambitious construction projects of "Boomtown East" involved the transformation of Europe's largest terminus station into a "experience with rail hub" at a cost of over DM 500 million.

Le « Boomtown Est » est un projet de construction des plus ambitieux : la transformation de la plus grande gare en impasse d'Europe en un « monde d'aventures artificielles accessible par voie ferrée » a coûté plus que 500 millions de DM.

◁ **Als »Kathedrale des Fortschritts«** wurde der Leipziger Bahnhof schon vor seiner Eröffnung im Jahr 1915 gerühmt. Damit der monumentale Bau nicht düster wirkte, wurden in die Decke große Glasflächen integriert.

Leipzig Station was already a "cathedral of progress" even before its opening in 1915. Large areas of the roof were glazed to prevent the monumental design from appearing gloomy.

La gare de Leipzig fut baptisée « cathédrale du progrès ». Afin d'éviter que cette construction monumentale ne devienne trop lugubre, de grandes surfaces de verre ont été intégrées au plafond.

◁ **Die deutsche Kleinstaaterei** hatte auch auf die Bahnhöfe Auswirkungen: so hatte Leipzig bis Ende des 19. Jahrhunderts sechs Bahnhöfe, wie den Bayerischen. Von dem nicht mehr existierenden Fernbahnhof gibt es noch den Portikus.

German provincialism also impacted on its railway network, at the end of the 19th century Leipzig had a total of six stations including the "Bavarian Station". Only the entrance portal of this station still exists.

Le particularisme allemand a eu aussi des répercussions sur les gares : Leipzig avait entre autres six gares jusqu'à la fin du 19e siècle, dont la gare bavaroise.

Die Zukunft.
Dabei sein
ist alles.
Coca-Cola

Gohliser Schlösschen

The Gohliser Schlösschen
La gentilhommière de Gohli

◁ **Johann Caspar Richter**, Handelsherr und Ratsbaumeister, ließ sich im Norden der Stadt nach höfischem Vorbild diesen Landsitz errichten: Das Gohliser Schlösschen gilt als Leipzigs schönster Rokokobau. Sein Bauherr, dessen Initialen die Wetterfahne auf dem Zwiebelturm zieren, erlebte den Innenausbau nicht mehr.

Johann Caspar Richter, business magnate and master builder, ordered this elegant country seat in the Court style to be built in the north of the city. The Gohliser Schlösschen or little palace is considered Leipzig's most beautiful rococo building, but the man whose initials grace the weathervane did not live to see the interior completed.

Johann Caspar, homme de commerce et ingénieur du bâtiment, se fit construire un manoir sophistiqué sur la base du modèle courtois au nord de la ville : la Gentilhommière de Gohli, que l'on considère aujourd'hui comme le plus bel édifice rococo de Leipzig. Mais son maître d'oeuvre, dont les initiales ornent la girouette du clocher à bulbe, ne survécut pas à son agencement intérieur.

▷ **Adam Friedrich Oeser** selbst bemalte mit feinem Pinsel die Wände und Decken der Gesellschaftsräume. Heute finden in diesem historischen Kleinod Konzerte und Lesungen statt.

No less than Adam Friedrich Oeser painted the walls and ceilings of the salons with delicate motifs. Today concerts and readings are held in this jewel of historic architecture.

Adam Friedrich Oeser réalisa au pinceau fin les esquisses des murs et des plafonds des salles de réception. Aujourd'hui, des concerts et des lectures sont organisés à l'intérieur de ce petit bijou historique.

▷ **Meissener Porzellanfiguren** aus dem 18. Jahrhundert sind im Gohliser Schlösschen ausgestellt.

Meissen porcelain figures from the 18th century at Gohliser Schlösschen.

Des figures de porcelaine de Meissen datant du 18e siècle sont exposées dans la Gentilhommière de Gohli.

Das Völkerschlachtdenkmal

Monument to the Battle of the Nations

Le mémorial de la Bataille des Nations

◁ **Geisterhaftes Heldenpathos**: Das Völkerschlachtdenkmal spiegelt sich nächtens im vorgelagerten Tränenteich. Den Entwurf für das Denkmal, das 1913 zur Zentenarfeier der Massenschlacht gegen die Truppen Napoleons eingeweiht wurde, lieferte der Berliner Bruno Schmitz. Sechs Millionen Reichsmark aus Spenden- und Lotteriegeldern flossen in 12 500 Kubikmeter Granitgestein.

A spectre of heroic pathos: at night, the Monument to the Battle of the Nations is reflected in the Tränenteich ("Lake of Tears") at its feet. Berlin sculptor Bruno Schmitz designed the monument, unveiled in 1913 on the centenary of this massed battle against Napoleonic troops. Its 12,500 cubic meters of granite were funded by six million Reich marks from donations and lottery revenues.

Hommage pathétique et fantomatique aux héros : le mémorial de la Bataille des Nations se reflète la nuit dans l'étang de larmes (Tränenteich). Le projet de ce mémorial fut livré en 1913 par le Berlinois Bruno Schmitz à l'occasion du centenaire de la célébration de la Bataille des Nations contre des troupes de Napoléon. Six millions de Reichsmarks provenant de dons et de gains de loterie ont servi à la réalisation de ces 12 500 mètres cubes de pierre de granit.

▷ **Die Totenwächter** an der Außenfront und in der Ruhmeshalle sind Werke der Bildhauer Christian Behrens (1852–1905) und Franz Metzner (1870–1919).

The colossal guardians of the dead on the external facade and in the Hall of Fame are works by the sculptors Christian Behrens (1852-1905) and Franz Metzner (1870-1919).

Les énormes gardiens funéraires se tenant sur le pan extérieur et dans le temple de la gloire sont des œuvres des sculpteurs Christian Behrens (1852-1905) et Franz Metzner (1870-1919).

▷ **Die Krypta** ist das symbolische Grab der 120 000 in der Schlacht Gefallenen.

The Crypt is the symbolic grave of the 120,000 soldiers who fell in the battle.

La crypte est la tombe symbolique des 120 000 soldats tombés lors de la bataille.

Ums Völkerschlachtdenkmal

Around the Monument to the Battle of the Nations / Autour du mémorial de la Bataille des Nations

◁ ▷ »Geschichte zum Anfassen«: Militärhistorische Vereine richten Veranstaltungen anlässlich der Jahrestage der Völkerschlacht aus. Dabei wird großer Wert gelegt auf originalgetreue Ausstattung und historisch korrekte Darstellung.

"Hands-on-history": Military history organizations arrange events around the anniversary of the Battle of the Nations, prescribing historically authentic equipment and highly precise reenactment – from the buttons of the uniforms worn to the salvos fired by entire military companies.

« L'histoire à portée de main » : les associations d'histoire militaire organisent des manifestations à l'occasion de l'anniversaire de la Bataille des Nations. On accorde alors une grande importance à la fidèle reproduction de l'équipement d'origine des soldats et à la représentation historiquement correcte des événements : cela part du bouton d'uniforme pour aller jusqu'aux salves d'artillerie de régiments entiers.

◁ Das internationale Badewannenrennen auf dem Teich vor dem Völkerschlachtdenkmal das jährlich im Sommer stattfindet hat mittlerweile Tradition. Hier bleibt kein Teilnehmer trocken.

The international bathtub race on the lake before the Monument has also become a tradition. Held every year in summer, it is a lively, fun occasion where no participant and no spectator eye can hope to remain dry.

La course internationale á la baignoire, qui a lieu chaque année en été, est devenue aussi un évènement traditionnel. Elle se déroule sur l'étang situé en face du mémorial de la Bataille des Nations. Aucun participant ne reste au sec et aucun oeil non plus d'ailleurs!

BMW und Porsche in Leipzig

BMW and Porsche in Leipzig

BMW et Porsche en Leipzig

◀ **Aufbruchssignal** für eine ganze Region: Der Industriepark Nord wurde zum Standort für das BMW-Werk Leipzig mit 4700 Arbeitsplätzen. Seit der Eröffnung im Mai 2005 laufen hier täglich vier Fahrzeugmodelle und 700 Autos vom Band.

A signal of renewal for the entire region: industrial estate Industriepark Nord became the location for the BMW Leipzig plant, employing 4700 people. Since the opening ceremony in May 2005, 700 cars in four different models have rolled off the conveyor belt every day.

Signal de départ pour toute une région : le parc industriel nord de Leipzig est devenu un site de production de BMW avec ses 4700 postes de travail. Depuis son ouverture officielle en mai 2005, quatre modèles de voiture et 700 voitures sortent quotidiennement des chaînes de production.

▶ **Futuristisch** wirkt der kreiselförmige Turm des Porsche-Kundenzentrums, der auf einer Plattform aus Sichtbeton aufsitzt. Die Werksbesichtigung und ein anschließendes Fahrtraining auf der 3,7 Kilometer langen Test- und Rennstrecke sind eine neue Attraktion im Leipzig-Tourismus.

The tower of the Porsche Customer Center is shaped like a futuristic spinning-top on a plinth of exposed concrete. Tours of the plant, concluding with driver training on the 3.7-kilometer test and race track, have become a popular new attraction for tourists in Leipzig.

La tour en forme de turbine du centre clientèle de Porsche, érigée sur une plate-forme de béton apparent, prend des airs futuristes. La visite de l'usine puis un stage de pilotage sur le circuit de test et de courses de 3,7 kilomètres constituent une nouvelle attraction touristique à Leipzig.

PORSCHE
PORSCHE

Sportstadt Leipzig

Leipzig – Sporting City

Leipzig, ville du sport

◁ Das neue Zentralstadion ist der moderne Mittelpunkt des Leipziger Sportforums, das nach dem Zweiten Weltkrieg aus den Trümmern des zerbombten Leipzig aufgebaut wurde. Außer dem »Stadion der Hunderttausend« – zu Zeiten der DDR Austragungsort aller Turn- und Sportfeste sowie aller Fußball-Länderspiele – wurden hier ein Hockey- und ein Schwimmstadion errichtet, Tennisfelder, Übungsplätze und an der Jahn-Allee die Gebäude der 1990 geschlossenen Deutschen Hochschule für Körperkultur. Der ihr zugehörige Sportclub war mit 93 olympischen Medaillen weltweit der erfolgreichste Club der Sportgeschichte.

The new Central Stadium is today's center for the Leipzig Sport Forum, which rose from the rubble of the city after the bombings of World War II. In addition to the "Stadium of the Hundred Thousand" – the venue for all gymnastics and sports events and all national football games in the days of the GDR – the site also received hockey arenas and swimming pools, tennis courts, practice pitches and, on Jahn-Allee, the premises of the German College of Physical Culture (closed in 1990). The sports club of the College was the most successful club in the sporting history of the world, boasting a total of 93 Olympic medals.

Le nouveau stade central est le point central moderne au sein du complexe omnisports de Leipzig. Il fut reconstruit au lendemain de la Seconde Guerre mondiale sur les ruines des bombardements. En plus du « stade des cent mille » – stade datant de l'époque de la RDA, où la plupart des manifestations sportives, des compétitions de gymnastique ainsi que les matchs internationaux de football avaient lieu – on y a construit un stade de hockey et de natation, des cours de tennis, des sites d'entraînement. On trouve aussi dans l'allée Jahn les bâtiments fermés en 1990 de la Deutsche Hochschule für Körperkultur (Haute école allemande de culture physique). Son club sportif fut le club le plus victorieux dans l'histoire mondiale du sport en remportant 93 médailles olympiques.

Sportstadt Leipzig

Leipzig – Sporting City

Leipzig, ville du sport

◁ Die Arena Leipzig wurde 2002 eröffnet. Eigentlich ist sie ein Komplex aus drei Sporthallen: einer Veranstaltungshalle für Leichtathletik- und Ballsportwettkämpfe, einer Allgemeinsporthalle sowie einer Judohalle. Die Haupthalle bietet 12 000 Zuschauern Platz und ist die Heimspielstätte vieler Leipziger Sportvereine.

Leipzig Arena was opened in 2002. It is actually a complex of three sports halls: a hall for athletics and ball game events, a multipurpose sports hall, and a judo hall. The main hall can seat 12,000 spectators and is the home ground of many of Leipzig's sports clubs and associations.

L'Arena Leipzig fut inaugurée en 2002. C'est en fait un complexe omnisports composé de trois gymnases : un hall de cérémonies pour l'athlétisme et les compétitions de sports de balles, une salle de sport commune ainsi qu'une salle de judo. La salle principale peut accueillir jusqu'à 12 000 spectateurs et est le lieu de rencontres sportives locales pour de nombreux clubs sportifs de Leipzig.

▷ Das neue Zentralstadion erlebte seinen vorläufigen Höhepunkt als eine der Spielstätten der Fußball-Weltmeisterschaft 2006. Es waren begeisternde Spiele. Fans aus allen Nationen feierten eine riesige Party, getreu dem offiziellen WM-Motto: »Die Welt zu Gast bei Freunden«.

The new Central Stadium experienced a major triumph as one of the sites for the football World Cup in 2006. The games were thoroughly inspiring. Fans of all nations joined together in celebrating a gigantic party, in line with the official World Cup motto "A time to make friends".

Le nouveau stade central a connu momentanément son heure degloire en devenant l'un des lieux de rencontre lors de la Coupe du Monde de football de 2006. Ces jeux furent passionnants. Des fans de toutes les nations firent la fête toute la soirée, fidèles à la devise de la CM officielle : « Le monde en visite chez des amis ».

DEUTSCHLAND

Waldstraßenviertel

The "Waldstrassenviertel"

Le « Waldstraßenviertel »

◁ ▷ Ab Mitte des 19. Jahrhunderts begann Leipzigs stürmische Entwicklung zur Großstadt. In unmittelbarer Nähe zur Innenstadt entstand ab etwa 1860 mit dem späteren Waldstraßenviertel ein neuer Stadtteil. Dieses gründerzeitliche Wohngebiet steht unter Denkmalschutz und bietet mit den sanierten Vorstadt- und Mietshäusern höchste Wohnqualität.

Leipzig's turbulent development into a metropolis began in the mid-19th century. From around 1860 a new city district was created close to the city center – the Waldstrassenviertel. This Wilhelmine-style residential area survived both World Wars practically unscathed. Today it is heritage-protected and offers superb living conditions with renovated homes and apartments.

Dès le milieu du 19e siècle, l'expansion fulgurante de Leipzig la fit passer au statut de grande ville. Non loin du centre-ville, un nouveau quartier vit le jour dès 1860 environ. Il comportait entre autres le futur « Waldstraßenviertel », quartier des chemins forestiers. Cette zone survécut de façon presque intacte aux deux Guerres mondiales, et est placée aujourd'hui sous la protection des monuments historiques. Elle offre une qualité d'habitat exceptionnelle.

▷ Nahe dem Elstermühlgraben wurde 1892/93 ein Gartenrestaurant errichtet, das wegen der Insektenplage bald den Spottnamen »Mückenschlösschen« erhielt. Doch bis heute genießen die Gäste im Freien sächsische Gemütlichkeit.

A garden restaurant was built near Elstermühlgraben in 1892/93, but soon attracted the derisive nickname of "Mosquito Palace" owing to the swarms of insects at the spot. Nevertheless it has survived to this day, a happy blend of Bavarian beer-garden culture and Saxon hospitality.

Un restaurant pavillonaire fut construit en 1892/1893 et fut bientôt surnommé le « Mückenschlößchen » (petit château à moustiques) en raison de l'invasion des insectes. Mais aujourd'hui encore ses visiteurs profitent pleinement de l'heureuse association de la culture des jardins de bière bavarois au bien-être et à l'hospitalité de plein air.

Stadtbad Leipzig

Leipzig Swimming Pool

La piscine municipale de Leipzig

◁ DER BADEBETRIEB im historischen Stadtbad Leipzig wurde 2004 wegen baulicher Mängel eingestellt. Seitdem sammelt eine Bürgerinitiative Gelder für den Erhalt der denkmalgeschützten Anlage und bemüht sich mit Veranstaltungen – wie hier einer Dichterlesung – um eine Wiederbelebung des Traditionsbades.

In 2004, Leipzig's historic swimming pool closed owing to structural deficiencies. Since then, a citizens' action group has collected funds to preserve the heritage-protected building, and holds events – like this poetry reading – to promote the revival of the traditional baths.

L'ancienne piscine municipale de Leipzig, le Stadtbad, fut interdite à la baignade en 2004 en raison de manquements de type architectural. Depuis, une initiative populaire collecte des fonds pour le maintien de l'édifice, classé monument historique, et s'efforce en organisant diverses manifestations – comme ici une séance de lecture – de redonnervie vie de ces bains traditionnels.

◁ WIE EIN SCHMUCKKÄSTCHEN wirkt die Damensauna im maurischen Stil. Säulen, Bögen, goldverzierte Mosaiken und orientalisch gemusterte Fliesen wecken die Lust auf Badevergnügen wie in Tausendundeiner Nacht.

The ladies' sauna in Moorish style is like a jewel box. Pillars, arches, gold-ornamented mosaics and tiles in Oriental patterns entice visitors to partake of bathing pleasures straight out of the Arabian Nights.

Le sauna pour femmes de style mauresque ressemble à une boite à bijoux. Des colonnes, des arcs, des mosaïques recouvertes d'or, du carrelage décoré de motifs orientaux donnent envie de profiter des plaisirs de la baignade comme dans les contes de Mille et une Nuits.

Filmkunstmesse Leipzig

Leipzig Film Art Fair
Festival du film d'art de Leipzig

▷ ALS INFORMATIONSVERANSTALTUNG für Kinobetreiber und Verleiher hat sich seit geraumer Zeit die Filmkunstmesse Leipzig etabliert. Herzstück der Messe sind Filmvorführungen weit vor dem offiziellen Bundesstart, viele davon werden im Programmkino der Schaubühne Lindenfels gezeigt.

Leipzig Film Art Fair is now well-established as an information event for cinema operators and film distributors. The core of the fair comprises showings of films long before their official national opening dates; many of these are shown in the arthouse cinema of Schaubühne Lindenfels.

Le festival du film d'art de Leipzig est établi depuis bien longtemps comme centre d'informations pour les propriétaires et gérants de cinémas. Les projections de films en avant-première sont la raison même de ce festival. Beaucoup d'entre elles sont montrées dans le cinéma d'art et d'essai et le cabaret théâtre de la « Schaubühne Lindenfels ».

▷ BEI DEN OPEN-AIR-KINOABENDEN der Schaubühne ist der Projektor in einem ausrangierten LKW untergebracht.

At the open-air cinema evenings at the Schaubühne the projector is housed in an old truck.

Un camion mis au rancart sert d'abri pour le projecteur de la Schaubühne lors des soirées cinéma en plein air.

▷ AUF DEM VERANSTALTUNGSPROGRAMM der Schaubühne Lindenfels steht nicht nur Kino. Auch Tanzabende, Konzerte und Lesungen sorgen im Restaurant für Gesprächsstoff.

Events at Schaubühne Lindenfels include far more than cinema; dances, concerts and readings inspire lively discussions in the venue's restaurant.

Il n'y a pas que du cinéma au programme de la Schaubühne Lindenfels. Les soirées dansantes, les concerts, les lectures sont aussi des sujets de discussion dans le restaurant.

Der Zoologische Garten

Zoological Gardens / Le jardin zoologique

▷ **Der Leipziger Zoo** wurde 1878 als privates Unternehmen eines Gastwirtes gegründet, dessen Partner der Hamburger Tierhändler Carl Hagenbeck war. Seit 2000 wird das Konzept »Zoo der Zukunft« umgesetzt, das bis 2014 eine Umgestaltung des Zoos in sechs Themenbereiche vorsieht. Schon heute begeistern sich die Besucher an der Menschenaffenanlage »Pongoland«, an der Löwensavanne »Makasi Simba« oder dem Elefantentempel »Ganesha Mandir«.

Leipzig Zoo was founded in 1878 as a private company by a restaurateur in partnership with the Hamburg wild animal dealer Carl Hagenbeck. In 2000 the zoo began to implement the concept of "Zoo of the Future", under which the zoo will be redesigned in six main areas by the year 2014. Visitors are already thrilled by the baboon enclosure "Pongoland", the lion savanna "Makasi Simba" and elephants' temple "Ganesha Mandir".

La fondation du zoo de Leipzig est due à l'initiative privée d'un restaurateur, ayant pour partenaire le marchand d'animaux de Hambourg Carl Hagenbeck : depuis 2000, le concept « zoo de l'avenir » est mis en application. Il prévoit d'ici 2014 la transformation du zoo en six zones à thèmes. Déjà aujourd'hui, les visiteurs s'émerveillent devant l'installation pour les primates « Pongoland », la savane aux lions « Makasi Simba » ou devant le temple aux éléphants « Ganesha Mandir ».

▷ **Die Raubtierzucht** im Leipziger Zoo ist so erfolgreich, dass Leipziger Amurtiger und Berberlöwen sogar nach Russland und Afrika exportiert werden.

The big cat breeding program at Leipzig Zoo is so successful that Leipzig's Amur tigers and Berber lions have even been exported to Russia and Africa.

L'élevage de fauves dans le zoo de Leipzig a rapporté tant de succès que des tigres de Sibérie et des lions berbères ont pu être exportés notamment vers la Russie et vers l'Afrique.

Leipzig feiert

Leipzig parties / Leipzig fait la fête

◁ **Das jährliche Wave-Gotik-Treffen** gilt mittlerweile als weltweit größte Veranstaltung der sogenannten »schwarzen Szene«. Seit dem ersten derartigen Treffen 1992 im Club »Eiskeller« in Leipzig-Connewitz ist das Meeting zu einer Großveranstaltung mit Auftritten von 200 Bands auf über 20 Bühnen herangewachsen.

The annual Wave Gothic Festival has developed into the world's largest event in the "dark scene". Since 1992, when the first meeting of this kind was held in the "Eiskeller" club in Leipzig-Connewitz, the festival has become a major event where 200 bands perform at more than 20 venues.

La rencontre annuelle de Wave - Gothique est entre-temps considérée comme la plus grande manifestation au monde de la dite « scène noire ». Depuis la première rencontre de ce type en 1992 dans le club « Eiskeller » à Leipzig - Connewitz, ce meeting s'est transformé en grande manifestation avec la participation de 200 groupes qui se produisent sur plus de 20 scènes.

◁ ▷ **Als grösstes Kneipenfestival** Europas bezeichnet sich das Leipziger »Honky Tonk«, das mittlerweile Kultstatus genießt. Jedes Jahr aufs Neue können sich Liebhaber von Live-Musik auf diesen Abend der ganz besonderen Art freuen: Raggae, Pop, Soul, Blues, Funk, Beat, Salsa, House, Swing, Rock, Folk ... Leipzigs Lokale machen mit, wenn es heißt: Einmal zahlen, überall dabei sein.

Leipziger Honky Tonk describes itself as Europe's largest pub festival and has taken on cult status. Every year, fans of live music can enjoy a very special evening spanning reggae, pop, soul, blues, funk, beat, salsa, house, swing, rock, folk ... Leipzig's pubs and clubs join in the event where a single entrance ticket opens every door.

L'Honky Tonk de Leipzig, devenue entretemps la rencontre culte, se qualifie elle-même de plus grand festival des bars et cafés d'Europe. Les amoureux de musique live se réjouissent d'une année sur l'autre de cette soirée d'un tout autre genre : Reggae, Pop, Soul, Blues, Funk, Beat, Salsa, House, Swing, Rock, Folk ... Les bars de Leipzig sont aussi de la partie, la devise est en effet : payer une fois, aller partout.

Südvorstadt

The Südvorstadt district

Banlieue sud

◀ **Musik-Events im Clara-Zetkin-Park,** Seifenkistenrennen auf dem Fockeberg, spazieren gehen im Auwald: Die Leipziger Südvorstadt hat viel Grün, sie bietet aber auch viel an Unterhaltung. Mit kleinen Läden und zahlreichen Gaststätten, ist ein Szeneviertel entstanden.

Musical events at Clara-Zetkin-Park, soapbox derbies on Fockeberg, strolls in the river forests: Leipzig's Südvorstadt has plenty of places to relax, but also lots of entertainment. A further plus of this popular, trendy district is its vibrant mixture of revitalized buildings with small stores and a host of restaurants and bars.

Des évènements dans le parc Clara Zetkin, des courses de caisses de savon sur le Fockeberg : le quartier de Leipzig Südvorstadt offre beaucoup d'espaces verts reposants, mais aussi de nombreux divertissements. Le fait qu'ici aussi l'environnement immobilier ait été revitalisé par des petits magasins et de nombreux cafés-restaurants est un atout supplémentaire.

▶ **Ostalgie-Kult:** Dort, wo zur Zeit der DDR im Kulturhaus der »Nationalen Front« getanzt wurde, hat sich heute die Kneipe naTo als Alternativkultur etabliert.

The nostalgia for the "East": where once the National Front cultural center held dances, the bar naTo has since become an alternative culture center.

Le culte de l'Ostalgie : le bar naTo a été créé à l'endroit même, où on se retrouvait pour danser à l'époque de la RDA. Ce bar est devenu aujourd'hui le centre de la culture alternative.

▶ **Die Leuchtreklame** der VEB Feinkost Leipzig für Suppen und Konserven wurde 1993 in den Rang eines Kulturdenkmals erhoben. Im Volksmund wird sie auch als »Löffelfamilie« bezeichnet.

The VEB Feinkost Leipzig soup and canned goods factory sign was designated a cultural monument in 1993.

L'enseigne puplicitaire luminense pour les soupes et les conserves de l'épicerie fine VEB a été placé au rang de monument culturel en 1993.

Südvorstadt

The Südvorstadt district

Banlieue sud

◁ ▷ **Spass und Wettspannung** bereits ab einem Euro Einsatz: Die altehrwürdige Rennbahn Scheibenholz im Parkverbund der Südvorstadt blickt auf eine lange Geschichte zurück: Seit 1867 galoppieren hier die schnellsten Pferde.

With a stake of just one euro, all the fun and exitement of betting can be yours: the traditional Scheibenholz racetrack at Südvorstadt park association has a long history. The first races to find the fastest horses were held here in 1867.

S'amuser et parier à partir d'une mise d'un euro : le très ancien hippodrome de « Scheibenholz » situé au cœur des parcs de la banlieue sud a une longue histoire derrière lui : c'est ici que les chevaux les plus rapides courent depuis 1867.

◁ **Modische Subkultur**: Im Szeneviertel Südvorstadt haben in den letzten Jahren zahlreiche kleine Boutiquen aufgemacht, die handgefertigte Unikate von kleinen Modemarken ebenso führen wie originelle Second-Hand-Mode oder Hippie-, Gothic- und Ethno-Klamotten.

Fashion subculture: in recent years the trendy Südvorstadt district has become home to a host of small boutiques offering hand-crafted one-offs under small fashion labels plus original second-hand fashion and hippie, goth and ethno wear.

La subculture à la mode : dans le quartier branché de Südvorstadt, de nombreuses petites boutiques ont ouvert leurs portes faites. Elles ont des pièces uniques faits main de petites marques de mode, mais aussi de la friperie originale ou des fringues hippies, gothiques ou ethniques.

Plagwitz und Schleussig

The Plagwitz and Schleussig District

Plagwitz et Schleussig

EHEMALS GEWERBEGEBIETE, sind die Stadtteile Plagwitz und Schleussig heute attraktive Leipziger Wohnviertel. Die gründerzeitlichen Industriegebäude, direkt an der Weißen Elster gelegen, wurden erfolgreich umgewidmet und revitalisiert. Sie bieten Raum für eine neue Kulturszene, moderne Büros und Wohnungen mit dem »gewissen Etwas«. Nicht zuletzt durch die Rekultivierung der Gewerbekanäle und Flussläufe, die heute auch gerne von Freizeitsportlern und für touristische Bootstouren genutzt werden.

Once industrial estates, today the Leipzig districts of Plagwitz and Schleussig are attractive residential areas. The industrial buildings directly on the banks of the Weisse Elster have been successfully revitalized and repurposed, and now house a new cultural scene, modern offices and residential apartments with that "certain something". Not least thanks to the recultivation of the commercial canals and rivers, which today are a popular haunt of leisure sports fans and used for boat tours for tourists.

Zones autrefois industrielles, les quartiers de Plagwitz et de Schleussig sont aujourd'hui des quartiers résidentiels à la mode de Leipzig. Les bâtiments industriels de la Belle Époque, situés sur les bords de la weiße Elster, ont été requalifiés et revitalisés avec succès. L'emplacement qu'ils offrent à une nouvelle scène culturelle, à des bureaux modernes et à des appartements a un cachet bien à part. Cela a été entre autres rendu possible grâce à la reconversion du paysage des canaux industriels et des cours d'eau, très appréciés par les sportifs amateurs et pour des ballades touristiques en bateau.

Plagwitz

The Plagwitz district / Plagwitz

Die Backsteinbauten der Leipziger Buntgarnwerke gelten als das größte erhaltene Industriedenkmal Deutschlands. Als externes Teilprojekt der EXPO 2000 wurde der Komplex saniert: Aus Werkhallen wurden Lofts, Wohnungen, Penthäuser mit Dachterrassen und Ateliers.

The red-brick buildings of Leipzig's yarn factory are believed to be Germany's largest industrial monument. The gigantic complex was refurbished as part of EXPO 2000, transforming manufacturing halls into lofts, apartments, penthouses with roof terraces and artists' studios.

Les constructions en briques des filatures de Leipzig sont considérées comme le plus grand monument industriel. Le gigantesque complexe a été assaini dans le cadre d'un des projets périphériques de l'EXPO 2000 : les bâtiments d'usine ont été transformés en lofts, en logements, en penthouses, en ateliers d'artiste.

Das Museum für Druckkunst, gegründet 1994, ist auch in einem denkmalgeschützten Gebäude untergebracht. Bleisatz, Letternguss und der Geruch von Druckfarbe versetzen den Besucher in die Welt von Gutenberg.

The Museum of Printing, opened 1994, is also housed in a heritage-protected building. Visitors are transported into the world of Gutenberg amid displays of metal type, type moulds and the scent of printer's ink.

Le musée de l'imprimerie est aussi hébergé depuis 1994 dans un bâtiment classé monument historique. La composition au plomb, la justification et l'odeur d'encre d'imprimerie projettent le visiteur dans l'univers de Gutenberg.

Plagwitz als Klein-Venedig: Drei echte venezianische Gondeln schippern auf der Weißen Elster und dem Karl-Heine-Kanal.

Plagwitz as Little Venice: three authentic Venetian gondolas ply the Weisse Elster and Karl-Heine-Kanal.

Plagwitz, la petite Venise : trois authentiques gondoles vénitiennes voguent sur la weiße Elster et sur le canal Karl-Heine.

Schrebergärten

Community garden plots

Les jardins ouvriers

LEIPZIG HAT DIE MEISTEN Schrebergärten gemessen an seiner Einwohnerzahl in Deutschland. Kein Wunder, denn hier steht die Wiege aller Kleingärten: Von der Leipziger Anlage »Dr. Schreber« am Johannapark nahm 1864 die Bewegung der Kleingartenvereine ihren Ausgang. Ihr Namenspatron ist der Arzt Dr. Daniel Moritz Gottlob Schreber, und seine Idee »zur Förderung des Familienlebens, der Volkserziehung und der Volksgesundung« fruchtete in ungeahntem Ausmaß. Der erste Schrebergarten existiert übrigens bis heute, und in seinem Vereinshaus ist seit 1996 das »Deutsche Kleingärtnermuseum« zu besichtigen.

Leipzig is the German city with the highest proportion of community garden plots for its population. And no wonder, because the German concept itself was developed here. Germany's allotment movement, which began with Leipzig's "Dr. Schreber" community garden site at Johannapark in 1864, soon spread throughout the country. It is named after physician Dr. Daniel Moritz Gottlob Schreber, whose idea of "promoting family life, popular education and popular health" achieved success on an unprecedented scale. The first "Schrebergarten" is still in existence, and its clubhouse has been home to the German Museum of Small Gardeners since 1996.

Par rapport au nombre d'habitants, Leipzig est la ville allemande qui compte le plus de jardins d'ouvrier. Ce n'est pas étonnant, car le berceau de tous les jardins ouvriers est ici : le mouvement du regroupement des jardins ouvriers a vu le jour à Leipzig dans le jardin du « Dr Schreber » au Johannapark. Leur saint patron est le docteur Daniel Moritz Gottlob Schreber. Son idée d' « encourager la vie familiale, l'éducation et la guérison du peuple » porta ses fruits et eut une résonance insoupçonnée alors. Le premier jardin d'ouvrier existe toujours et depuis 1996 on peut même visiter le « Deutsche Kleingärtnermuseum » (musée allemand des jardins ouvriers) dans sa maison associative.

Neuseenlandschaft und Belantis Vergnügungspark

Neuseenlandschaft and Belantis Amusement Park / Neuseenlandschaft et le parc d'attractions de Belantis

◀ **Im Süden von Leipzig**, in der Nähe der Braunkohle-Stadt Zwenkau, füllt sich der Tagebau langsam mit Wasser. Eine einzigartige künstliche Seenlandschaft mit 17 Seen ist hier im Entstehen. Der Cospudener See ist schon jetzt ein beliebtes Ausflugs- und Badeziel. Wegen seiner Sandstrände wird er von den Leipzigern liebevoll »Costa Cospuda« genannt. In seinem Yachthafen können Surfboards und Boote gemietet werden.

To the south of Leipzig, near the lignite mining town of Zwenkau, the open-cast mines are slowly filling with water. A unique landscape of 17 artificial lakes is under creation. Cospudener See is already a popular destination for excursions and bathers, affectionately dubbed "Costa Cospuda" by Leipzig people because of its sandy banks. Surfboards and boats can be hired at its yacht harbor.

Au sud de Leipzig, à proximité de la ville de lignite Zwenkau, la mine à ciel ouvert se remplit peu à peu d'eau. Un paysage de lacs artificiels exceptionnels avec 17 lacs est ici en construction. Le lac de Cospuden est d'ores et déjà un lieu d'excursion et de baignade très apprécié. Les habitants de Leipzig le surnomment « Costa Cospuda » à cause de ses plages de sable. On peut même louer dans son port de plaisance des planches de surf et des bateaux.

◀ **Hier geht's rein nach Belantis**, in Sachsens größten Freizeitpark. Südlich von Leipzig, direkt an der A 38 gelegen, unterhalten sich auf dem ehemaligen Braunkohlegelände jährlich über 500 000 Besucher bei Shows, Events und Attraktionen.

Roll up, roll up - to Belantis, Saxony's largest amusement park. In the south of Leipzig directly on the A 38 highway, the former lignite mining area draws over 500,000 visitors every year to shows, events and attractions.

C'est par ici qu'on entre à Belantis, le plus grand parc d'attractions de Saxe. Chaque année, 500 000 visiteurs se distraient grâce aux spectacles, les attractions et diverses manifestations offertes sur cet ancien site de mines de lignite, situé au sud de Leipzig, directement à côté de la A38.

Leipzig/Halle Airport

The Leipzig/Halle Airport

Aéroport Leipzig-Halle

▷ Der Flughafen Schkeuditz, 16 Kilometer nordwestlich von Leipzig, wurde 1927 in Betrieb genommen. Heute heißt er zwecks weltweiter Vermarktung Leipzig/Halle Airport und hat insbesondere für den internationalen Post- und Güterfrachtverkehr große Bedeutung. Über den Flughafenbahnhof (oben) ist der Leipzig/Halle Airport optimal an das deutsche Bahnnetz angebunden.

Schkeuditz Airport, 16 kilometers north-west of Leipzig, started operations in 1927. Today it has been renamed Leipzig/Halle Airport in a global marketing drive and is a particularly important hub of international post and goods freight traffic. The airport station (above) provides efficient links between Leipzig/Halle Airport and Germany's rail network.

L'aéroport Schkeuditz, à 16 kilomètres au nord-ouest de Leipzig, fut mis en service en 1927. Il s'appelle Leipzig/Halle Airport pour des raisons de commercialisation sur le marché mondial. Il a aujourd'hui un rôle prépondérant dans le transport international du courrier et du fret de marchandises. La gare de l'aéroport (ci-dessus), relie Leipzig/Halle Airport de façon optimale au réseau ferroviaire allemand.

Leipzig bei Nacht

Leipzig by night / Leipzig la nuit

Blick über Sachsens schönsten Bahnhof in Richtung Nord/Nordost. Dass der Leipziger Hauptbahnhof mit seinen 24 Bahnsteigen einer der größten Kopfbahnhöfe Europas ist, wird erst in der nächtlichen Ausleuchtung sichtbar.

A view to the north/north-east over the most attractive station in Saxony. Leipzig Station most clearly reveals its status as one of Europe's largest terminus stations when it is brightly illuminated at night.

Panorama sur la plus belle gare de Saxe dans la direction nord/nord-est. Seul l'éclairage nocturne nous permet vraiment de réaliser que la gare centrale de Leipzig, avec ses 24 quais, est l'une des plus grandes têtes de ligre d'Europe.

Impressum

Der Fotograf: Peter Hirth, 1960 in Stade geboren, Fotodesign Studium an der FH für Gestaltung Hamburg. Lebt als freier Bildjournalist seit 1991 in Leipzig.

Die Autorin: Cornelia Fischer promovierte an der Universität Wien zum Dr. phil. Sie arbeitet als Autorin, Lektorin und Redakteurin in Mainz.

Produktmanagement: Joachim Hellmuth, Susanne Kuhl
Graphische Gestaltung: Mike Joerihsen, Sturmzeit Grafikstudio, Wolfurt
Englische Übersetzung: Alison Moffat, München
Französische Übersetzung: Sandra Brandstetter, Bernau am Chiemsee
Kartografie: Thomas Vogelmann, Mannheim
Herstellung: Bettina Schippel
Repro: Medienfabrik, Stuttgart
Gesamtherstellung: GeraNova Bruckmann Verlagshaus GmbH

Alle Angaben dieses Bandes wurden von der Autorin sorgfältig recher chiert und vom Verlag auf Stimmigkeit und Aktualität geprüft.
Allerdings kann keine Haftung für die Richtigkeit der Informationen übernommen werden. Für Hinweise und Anregungen sind wir dankbar.
Zuschriften an den:
Bruckmann Verlag,
Produktmanagement,
Postfach 400209,
D-80702 München
E-Mail: lektorat@bruckmann.de

Bildnachweis:

AKG-Images GmbH, Berlin: Karte Vorsatz; Peter Hirth, Leipzig: Seite 8 o. und u., 12, 16/17, 18 (2), 19, 21 (2), 23 o. und u., 27 o., 30 (2), 34 u., 35 (3), 36 u., 37 u., 39 o. und u., 40 (2), 41 o., 43 M., 46 (2), 47 (3), 51 u., 52, 53 u., 54 M., 56, 57 u., 58 M. und u., 59, 60, 61 (2), 63 u., 64 u., 65, 70 o., 73 u., 74 o., 75 u., 76, 77 (2), 78 o., 81 (3), 82 o. und u., 84/85, 86 M. und u., 87, 88 o., 89, 90 o. und M.; Laif/Babovic, Köln: Umschlagvorderseite; Picture Alliance/dpa, Frankfurt a. M.: Seite 24-25; Alle anderen Abbildungen stammen von der Bildagentur Transit, Leipzig.

Einbandfotos:
Vorderseite: Das alte Rathaus in Leipzig
Rückseite: Das Neue Gewandhaus, der Rosental Pavillon, Johann Sebastian Bach, das Honkey Tonk Kneipenfestival (v.u.n.o.)

Die deutsche Nationalbibliothek verzeichnet diese Publikation in der deutschen Nationalbibliografie; detaillierte bibliografische Daten sind im Internet über http://dnb-nb.de abrufbar.

ISBN 978-3-7654-5093-8

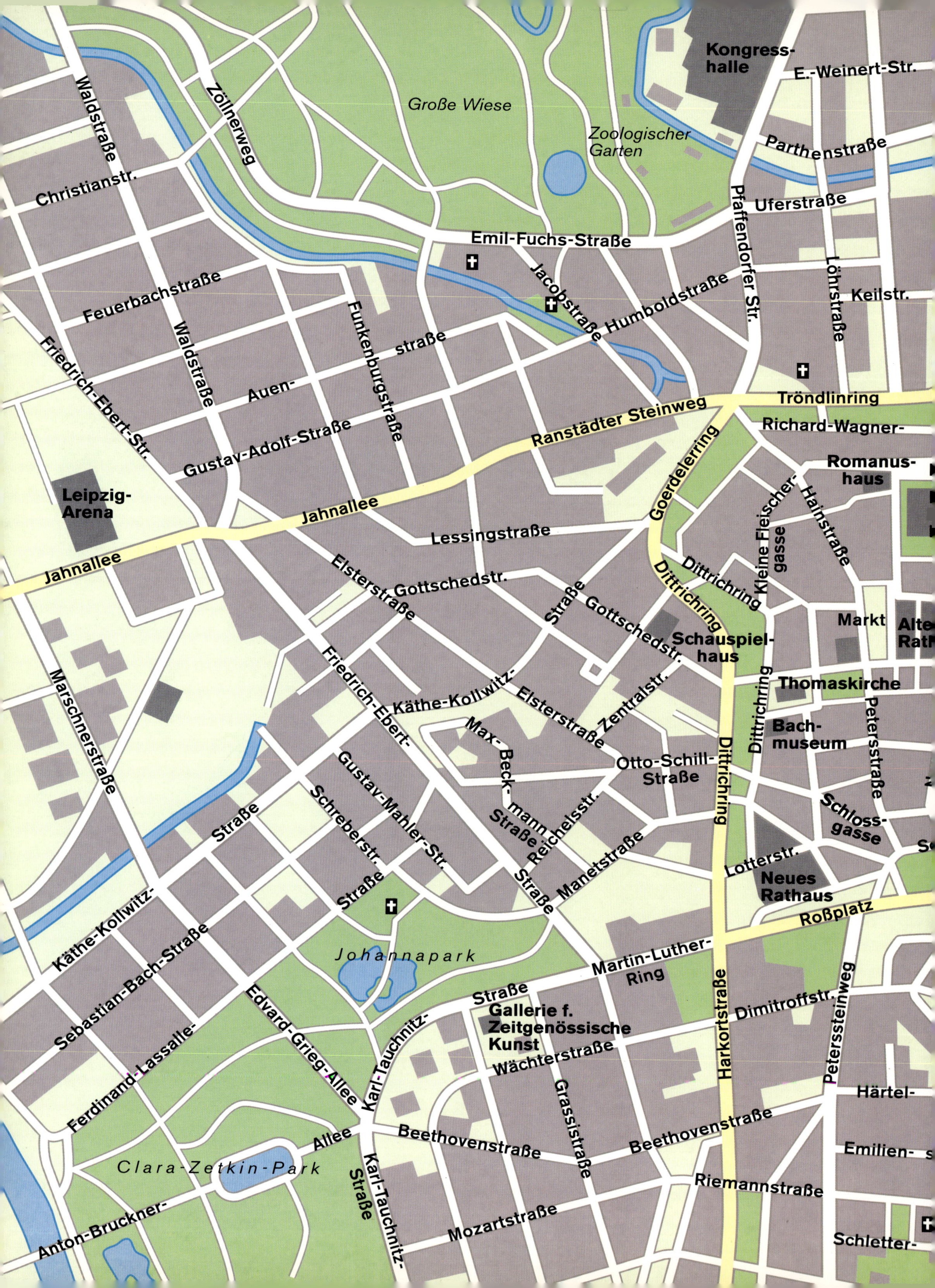
Kongress-
halle
E.-Weinert-Str.
Große Wiese
Zoologischer
Garten
Parthenstraße
Uferstraße
Pfaffendorfer Str.
Waldstraße
Zöllnerweg
Christianstr.
Emil-Fuchs-Straße
Jacobstraße
Humboldstraße
Löhrstraße
Keilstr.
Feuerbachstraße
Waldstraße
Funkenburgstraße
Auen-
straße
Friedrich-Ebert-Str.
Tröndlinring
Ranstädter Steinweg
Richard-Wagner-
Gustav-Adolf-Straße
Goerdelerring
Romanus-
haus
Leipzig-
Arena
Jahnallee
Jahnallee
Kleine Fleischer-
gasse
Hainstraße
Lessingstraße
Dittrichring
Dittrichring
Elsterstraße
Gottschedstr.
Straße
Gottschedstr.
Schauspiel-
haus
Markt
Alte
Rat
Marschnerstraße
Friedrich-Ebert-
Käthe-Kollwitz-
Elsterstraße
Zentralstr.
Thomaskirche
Dittrichring
Bach-
museum
Petersstraße
Max-
Beck-
mann
Straße
Otto-Schill-
Straße
Dittrichring
Gustav-Mahler-Str.
Schreberstr.
Straße
Reichelsstr.
Schloss-
gasse
Käthe-Kollwitz-
Straße
Straße
Manetstraße
Lotterstr.
Neues
Rathaus
Roßplatz
Johannapark
Sebastian-Bach-Straße
Martin-Luther-
Ring
Straße
Edvard-Grieg-Allee
Karl-Tauchnitz-
Gallerie f.
Zeitgenössische
Kunst
Dimitroffstr.
Peterssteinweg
Harkortstraße
Ferdinand-Lassalle-
Wächterstraße
Grassistraße
Härtel-
Beethovenstraße
Beethovenstraße
Allee
Emilien-
Clara-Zetkin-Park
Karl-Tauchnitz-
Straße
Riemannstraße
Anton-Bruckner-
Mozartstraße
Schletter-